二見文庫

世界一おもしろい戦国の授業

河合 敦 著

はじめに

日本史で最も人気がある時代といえば、それは文句なく戦国時代でしょう。

戦国武将たちが己の才覚と実力によってのしあがってゆく、そんな乱世における仁義なき下剋上《げこくじょう》の時代が男性にとってはたまらない魅力なのだと思います。闘争本能を刺激するのかもしれませんね。しかも、この時代の登場人物は、いずれも個性的で輝いています。

これで人気の出ないはずはありません。

ただ、これまで戦国時代といえば、城マニアを含めて圧倒的に男性のファンが多かったのですが、数年前から若い女性の戦国ファンが急増しているのです。

その理由はいくつか考えられますが、いちばんの原因はゲームソフトの影響でしょう。自分が武将になって戦うアクションゲームソフトが女性にもウケているといいます。登場人物に人気声優を用いたり、戦国武将を史実と異なる美形に描くためだと思われます。

また、そうした現象にあてこんで、戦国武将の関連グッズが次々と売り出され、ブームを後押ししています。二〇〇七年に「東京ビッグサイト」で開かれた戦国時代関連の同人誌即売会には全国から八〇〇〇人が集まりましたが、なんと七割が女性だったそうです。なかには、武将になりきったコスプレ姿の女性も少なくありませんでした。

そうしたこともあり、近年、戦国時代の本が多数出版されるようになっています。

しかし、本書はそうした戦国関連本とは、ひと味も二味も違う内容になっています。みなさんが事実だと思っている戦国常識、それがじつは間違いだった！　という衝撃の新説を多数紹介しているからです。

たとえば、あなたは織田信長の桶狭間《おけはざま》合戦を奇襲攻撃だと思っていませんか。長篠《ながしの》の戦いでは織田の足軽鉄砲隊が三段撃ちで武田騎馬隊を撃破したと信じていませんか。でも、これはいずれも、史実ではないことが判明しているのです。

こうしたことは、なにも合戦ばかりではありません。

豊臣秀吉に限っていっても、信長から「猿」と呼ばれていた事実、草履《ぞうり》取りの話、蜂須賀小六との矢作川《やはぎがわ》の出会い、墨俣《すのまた》の一夜城など、誰もが知っている秀吉伝説はいずれも真っ赤なウソなのです。

また毛利元就の三本の矢、武田信玄の「人は城、人は石垣」といった名言も史実ではありません。戦国時代の常識がじつは非常識だった、そんな驚きの戦国史をみなさんに紹介しようと思っています。

本書ではまた、戦国時代の豪商や宣教師、職能集団や女性など、武将以外の人びとについて、その驚くべき素顔にスポットをあてています。きっと彼らの素顔を知ってビックリすると思います。とくに戦国時代の女性といえば、あたかも道具や奴隷のように使われたというイメージができあがっていますが、なんと、女の戦国大名が存在したのです。

さらに、真田幸村に匹敵するヒーローや松永久秀に劣らない悪党など、これまで歴史のはざまに埋もれていた戦国武将についてもご紹介します。

そのほか当時の食生活や風習、有名な武将の趣味やエピソードも盛りだくさんです。

きっと本書を一読すれば、あなたの戦国常識はガラガラと崩れ落ち、目からウロコがはがれ落ちること請け合いです。ぜひとも本書を読んで、驚きのひとときをすごしてください。

二〇〇九年一月

河合　敦

目次

第2章　戦国の名脇役たちの知られざる秘密

第3章　信長・秀吉・家康に秘められた謎

第4章　知っているようで知らない戦国時代

第1章

これまでの常識を破る意外な事実

あの戦国武将のこの名言は史実にはない〝ウソ〟だった！

戦国武将の多くは、さまざまな策略や知恵を用いて巧みに乱世を生き抜いてきました。そんなことから、心に染み入る名言を残している者も少なくありません。でも、なかには、真っ赤なウソも存在するんです。

敵は本能寺にあり！

きっとみなさんも、この言葉は知っていると思います。そう、明智光秀《あけちみつひで》が発した名言ですね。

光秀は織田信長の命令で、毛利氏と戦う羽柴秀吉に助勢するため出撃します。ところが、にわかにこの言葉を発して進路を変更、そのまま京都へ乱入して信長のいる本能寺へ殺到した——そんなふうに信じていませんか。

じっさい、映画やテレビドラマでは、この場面はクライマックスシーンのひとつとして、しばしば登場します。ですから、本当に光秀は「敵は本能寺にあり！」といったのだろうと思いこんでいる方も少なくないでしょう。

けれども、明智光秀がそんなことを発言したという確実な史実は、いっさい存在しないのです。

これを聞いて、きっとビックリしている方もいるのではないでしょうか。

しかしながら、当時の良質な史料には、いっさい、このフレーズは見あたらないのです。

では、いったいいつから「敵は本能寺にあり！」という語が事実のように語られることになったのでしょうか。

なんとそのセリフですが、本能寺の変から百年後に成立した『明智軍記』に、似たようなニュアンスのフレーズが登場するのが最初だといわれています。

それを参考に頼山陽が文政十年（一八二七）に著した『日本外史』に取り入れたため、世間に、あたかも史実のように広まってしまったのです。

いずれにせよ、とっくに本能寺の変の関係者は死に絶えてしまっています。

信長関連の史料で最も価値が高い本は『信長公記』（太田牛一著）ですが、同書から光秀謀反の場面を抜き出してみましょう。

「六月朔日、夜に入り、丹波国亀山にて、惟任日向守《これとうひゅうがのかみ》光秀、逆心を企て、明智左馬助《さまのすけ》、明智次右衛門、藤田伝五、斉藤内蔵佐、是れ等として、談合を相究め、信長を討ち果たし、天下の主となるべき調儀を究め、亀山より中国へは三草越えを仕り候ところを、引き返し、東向きに馬の首を並べ、老の山へ上り、山崎より摂津《せっつ》の国の地を出勢《しゅっせい》すべきの旨、諸卒に申し触れ、談合の者ども先手を申しつく」

ちょっと難しいですね。しかし、見ていただいたとおり、出陣するときにはすでに重臣との打ち合わせがすんでいて、進路を変更するさい光秀は彼らに何もしゃべっていないのです。

私は『信長公記』の記述のほうが本当だと思います。

先述のように、この名言が一般に知られるようになったのは、学者の頼山陽によって十九世紀に記された『日本外史』で紹介されてからのことなのです。そして以後、小説やドラマで史実のように用いられるようになったのです。

人は城、人は石垣、人は堀、情は味方、讐《あだ》は敵なり

この言葉は武田信玄が語った歌としてあまりに有名でしょう。

歌の出典は、信玄の業績や戦略を記した軍学書『甲陽軍鑑《こうようぐんかん》』の「品第三十九」です。

この歌は、「城や石垣・堀などより人こそが最も大事なのである」ということを意味しているとされ、信玄が人の組織たる家臣団をしっかりつくりあげることの大切さを語った

ものだといわれます。じっさい信玄は、本拠地である甲斐国内に城郭をつくらず、自身は躑躅《つつじ》ヶ崎館という堀の浅い簡素な屋敷に住んでいたと伝えられています。

しかしながら発掘によって、躑躅ヶ崎館は思った以上に堅牢な造りになっており、さらにその裏山は籠城に堪《た》えうる城郭であったことが判明しています。信玄が甲斐に城をつくらなかったというのはウソなのです。

さらに驚くべきことは、「人は城、人は石垣……」の名言も信玄本人の歌かどうかよくわからないのです。

『甲陽軍鑑』は有名な書ですが、史料的にも価値はそれほど高くないとされています。しかも、該当箇所をよく読んでみると、「ある人のいう」と注記されています。つまり、ある人が「信玄がこの歌を詠んだ」と語っているると説明しているわけで、伝聞調なのです。ですから「人は城、人は石垣…」の歌が信玄の自作であるというのは、かなり怪しいわけです。

人の一生は重荷を負て遠き道をゆくがごとし……

「……いそぐべからず。不自由を常とおもへば不足なし。心に望おこらば、困窮したる時を思ひ出すべし。堪忍《かんにん》は武運長久の基《もとい》。怒りは敵と思へ。勝事ばかり知りて、負くるを知

家康の作と思われていた「神君御遺訓」(駿府城の碑)

らざれば、害其身にいたる。己を責て、人を責むるな。及ばざるは過ぎたるよりまされり」

なんとも含蓄に富む良い言葉です。

これは日光東照宮や久能山《くのうざん》東照宮などに保管されている『神君御遺訓《しんくんごいくん》』です。これまでは家康の遺言だと信じられてきました。もしかしたら、この言葉を座右の銘《めい》としている方もおられるでしょう。

しかし、これが家康の言葉ではないことが、徳川美術館館長の徳川義宣氏の研究によって明らかにされたのです。

徳川義宣氏によれば、『神君御遺訓』の字体はとても家康時代のものといえず、その文体も美文調になりすぎているそうです。さらに、花押《かおう》も家康自身のものでないうえ、江戸幕府の正史たる『徳川実紀』にも掲載されていない――そういったことを根拠に、「『神君御遺訓』は家康が記したものでない」と断定されています。

徳川義宣氏は『神君御遺訓』は水戸藩主・徳川光圀《みつくに》が記した「人のいましめ」という一文がもとになっており、この文章があまりに家康の一生にピッタリだったので、いつしか家康の作とされるようになったのだと推定しました。

さらに、東照宮に『神君御遺訓』を奉納したのは、幕府の旗本池田松之助であったことも突き止めています。

それにしても、明智光秀や武田信玄、さらには徳川家康の名言まで〝ウソ〟だったというのは、なんともショックな話ですね。

信長の〝桶狭間《おけはざま》の戦い〟は「雨中の奇襲攻撃」ではなかった！

織田信長がその名を天下に知られるようになったのは、桶狭間の戦いに勝利したからだといってよいでしょう。永禄三年（一五六〇）五月、自分の領土に侵攻してきた今川義元の大軍を撃破し、大将の義元を討ったのが〝桶狭間の戦い〟ですね。

これまでの通説は「後世の作家による完全なフィクション」!?

義元は駿河・遠江・三河の三国を勢力下におく大大名であり、天下に号令をかけるため上洛《じょうらく》の機会を狙っていたといいます。そしてこの年、ついに二万五千の大軍を率いて西上を開始したのです。

京都へのぼるためには織田信長が領する尾張国を通過する必要がありました。そこで義元は、大軍で次々と織田方の城や砦を陥落させていきました。

この危機的な状況のなかで、清洲城にいた信長は、軍議もせずに世間話をしていましたが、あるときにわかに、

「人生五十年、下天《げてん》の内をくらぶれば、夢幻のごとくなり、一度生を得て滅せぬ者のあるべきか」

という幸若舞《こうわかまい》の『敦盛《あつもり》』を踊りだし、それを舞い終えるやいなや、「法螺《ほら》をふけ、具足《ぐそく》を用意せよ」と出陣命令を出し、立ったまま飯を食べて馬に飛び乗って城から駆けだしたのです。慌《あわ》てた家臣が必死に信長を追いかけました。ようやく熱田で馬を休めた信長は、兵が集まると丹下砦、さらに善照寺砦に入ります。

ここで信長は、丸根砦と鷲津砦が今川軍の松平元康（のちの徳川家康）らに落とされたことを知りました。信長はその後、中島砦に移り、今川義元の本隊が桶狭間で休息してい

る事実を聞きます。しかも、義元の本陣も特定できたのです。

そこで信長は、密かに二千人を率いて大きく迂回し、義元の本陣が見える高台までやってきます。このとき、幸運にもすさまじい雷雨が降りはじめました。その雨にまぎれて信長は敵の本陣めざして一気に桶狭間へかけくだり、今川の旗本を蹴散らし、ついに義元の首を取ることに成功したのです。大将が首をもがれたことを知った今川軍は瓦解し、信長は絶体絶命のピンチを乗りきりました。

おそらくみなさん、桶狭間の戦いについて、そんなふうに学んだり、小説で読んだりしてきたはずです。

ところがです。じつは最近の研究により、戦いの真相が、いまお話しした通説と全く異なっていたらしいことがわかってきたのです。

信長の奇襲攻撃説を真っ向から否定するのが、藤本正行氏です。氏はこれまで定説とされてきたさまざまな学説を、見事に論破してきた、すぐれた歴史研究家です。

藤本氏は『信長の戦争』（講談社学術文庫）のなかで、いま述べた話は「後世の作家による完全なフィクションなのである」と断言しています。

この奇襲説の原型は、江戸時代初期に小瀬甫庵《おぜほあん》が著した『信長記』と呼ぶ軍記物にあると藤本氏はいいます。そしてこの話がさらに脚色されつつ江戸中期の軍記物に取り入れられ、それを明治時代に陸軍参謀本部が自ら編集した戦史に採用した結果、あたかも定説のようになってしまったのだそうです。

では、本当の〝桶狭間の戦い〟とは、いったいどのようなものだったのでしょうか。

今川義元が二万五千の兵で上洛しようとしていた事実はない！

そもそも今川義元が上洛のために兵を動かしたということ自体、現在ではほぼ否定されているのです。

たしかに冷静に考えてみれば、わずか二万五千の兵では、たとえ信長を倒せたとしても、京都へたどりつくためにはそれからも幾人もの戦国大名と戦わねばならず、たとえ京都を制してもその数では占拠状態を保つことは不可能ですよね。なおかつ、上洛にあたって義元が朝廷や室町幕府に連絡をとったり、畿内の大名と連携をとったりした形跡がないのです。

そんなわけで義元の出兵は、上洛して天下に覇をとなえるのが狙いではなく、単に織田信長と戦う目的であったと考えられます。

じつはこの時期、信長は尾張国の大部分を支配していましたが、愛知郡から知多郡に散在する鳴海城、大高城などは、まだ今川義元の持ち物でした。そこで信長はこの二城を奪うため、周辺に五つの砦をつくったのです。

これを知った義元が、自分の城を守るため、後詰（援軍）にやってきたというのが本当のところのようです。

かくして織田・今川の両軍が激突するわけですが、織田軍は各所で今川軍に敗れてピンチに陥っていきます。そこでとうとう信長は、清洲城から飛び出していくのです。

では、そこから実際はどのような行動をとったのでしょうか。

なぜ信長は迂回作戦をとらず正々堂々、山上の今川軍を打ち破れたのか？

これについては、信長の側近として仕えていた太田牛一が著した『信長公記』に詳しく出ています。この『信長公記』は、小瀬甫庵の『信長記』と比較してはるかに信憑性の高い史料だという評価が定着しています。

『信長公記』によれば、中島砦にいた信長は、迂回などせずにまっすぐ義元の本隊を目指しています。だから義元からは信長の動きは丸見えでした。なぜなら義元は山の高台にいたからです。

これを聞いてみなさんは、今川方が陣をしいたのは「桶狭間」と呼ばれる低地ではなかったのかと驚くと思います。

しかし『信長公記』にははっきりと「御敵今川義元は、四万五千引率し、おけはざま山に、人馬の休息これあり」(『信長公記』桑田忠親校注　新人物往来社)と明記されているのです。

また、信長が敵を見下ろす高台に来たとき、雷雨が激しく降ったというのもウソです。『信長公記』には、戦いの最中に降りはじめたと書かれています。ですから雨にまぎれて敵に近づけるはずもありません。

すなわち織田信長は、二千の小勢を引き連れ今川の大軍に向かって正面から堂々と山を駆けのぼっていったのです。

そんなやり方で、どうして十倍の敵を打ち破ることができたのでしょう。

その理由は、『信長公記』のなかで信長が自ら部下に語っています。

「各《おのおの》よくよく承り候へ。あの武者(今川の兵)、宵《よい》に兵粮《ひょうろう》つかひて、夜もすがら来たり、大高(城)へ兵粮を入れ、鷲津・丸根(織田方の砦)に手を砕《くだ》き、辛労《しんろう》して、つかれたる武者なり。こなた(織田の兵)は新手なり」

つまり今川の兵は、はるばる駿河から遠征してきているうえ、織田方の諸城を攻めて疲れきっているのに対し、清洲城から出てきたばかりの織田軍は元気いっぱいだったのです。この差は大きいといえるでしょう。

今川義元本陣跡

さらに信長の勝因として、谷口克広氏はその著書『目からウロコの戦国時代』（PHP文庫）のなかで、織田軍と最初に激突したのは桶狭間山の山際にいた今川方の前衛部隊五、六千人であり、遠くから遠征してきたゆえ「今川軍はたとえ五、六千いたとしても、輜《し》重《ちょう》隊の農民まで含んだ数で、戦闘要員は千もいたかいないかだったと思う」と述べています。この緒戦で前衛部隊が崩れ、それが義元の本隊に波及し、混乱状態に陥って今川本隊が瓦解、その混乱に乗じて織田軍が義元の旗本を蹴散らし、大将義元の首をあげたというわけです。

いずれにしても、これまでの〝桶狭間の戦い〟のイメージは、大きく崩れてしまいますね。

本当に武田信玄と上杉謙信は川中島で一騎打ちをしたのか？

武田信玄と上杉謙信が死闘を演じた〝川中島の戦い〟はみなさんもご存知だと思いますが、じつは〝川中島の戦い〟というのは一度きりのことではないのです。なんと川中島の合戦は、五回も戦われているのです。

武田軍と上杉軍の〝川中島の合戦〟は十二年間に五回もあった！

川中島（長野市）は信濃国北部に位置する、犀《さい》川と千曲川にはさまれた肥沃な低地です。大きな街道がいくつも走る要地でもありました。

そもそも武田信玄と上杉謙信がこの地域で戦うようになったのは、武田信玄が村上義清をはじめとする北信濃の武将を駆逐したことにはじまります。

追放された北信濃の武将たちは越後国の上杉謙信のもとへ走って旧領の奪回を依頼しました。そこで謙信が川中島に乗り出していったというわけです。ただ、それは義侠心からだけではありません。というのは、川中島から謙信の本拠地である越後の春日山まで、わずか七〇キロ程度しか離れておらず、この地を信玄に奪われることで謙信の領土もおびやかされてしまうという切実な問題がありました。

いっぽう武田信玄ですが、この地域に進出する理由として、「北信濃は十数年間も紛争が絶えず、諏訪《すわ》社の祭礼もしっかりおこなわれていないので、自分が信濃国を平定して祭礼を盛大に執行するのだ」と主張しています。もちろんそれは名目で、本心は領土を拡張したいということでした。

こうして天文二十二年（一五五三）から永禄七年（一五六四）まで、およそ十二年にわたって川中島は武田と上杉の紛争地となったのです。

これまで伝えられてきた信玄と謙信の一騎打ちとは？

ところで、川中島の戦いでは、武田信玄と上杉謙信の一騎打ちがおこなわれたということで有名ですね。

じっさい、川中島の古戦場（八幡原史跡公園）には、馬上の謙信が信玄に向かって剣を振り下ろし、これを床几《しょうぎ》に腰掛けた信玄が、軍配団扇《うちわ》で受け止めようとする躍動的な銅像が立っています。

これは、五回におよぶ川中島の戦いのうち、両軍が最も激しく衝突した永禄四年（一五六一）の合戦での出来事だと伝えられています。

この年、信玄は川中島地域に海津城を築いて兵を入れました。これを知った謙信は一万三千の兵を率いて同城から二キロほど離れた妻女山に陣をしいたのです。

これに対して信玄も二万の軍勢を引き連れて甲府を発し、海津城へ入りました。

こうしてしばらくのあいだ両軍の睨み合いが続きましたが、九月十日、最初に武田軍が動きました。

信玄は軍師の山本勘助の献策にしたがって「啄木鳥《きつつき》の戦法」を実施したのです。これは、啄木鳥が幹のなかにいる虫を食べるさい、幹の反対側をつつき、その音に驚いて穴から飛び出してきた虫を捕らえるという行動に学んだ戦術です。すなわち軍隊を二手に分け、別働隊を大きく迂回させて敵を背後から突き、驚いた敵が前に出てきたところを待ち伏せしていた本隊が襲いかかるというものでした。

ところが武田の別働隊一万二千人が妻女山に着いたとき、謙信の陣地はもぬけの殻だったのです。なんと謙信は、事前に武田軍の動きを察知し、すでに武田本隊へ向かって妻女山を駆け下っていたのです。

ですから信玄は、にわかに目の前に現われた上杉軍を見てきっとビックリ仰天したことでしょう。

川中島の古戦場には信玄・謙信の一騎打ちの像が立っているが……

信玄の本隊はわずかに八千。対して上杉軍は一万三千人でした。しかも謙信は「車掛かりの陣」で次々新手《あらて》を繰り出していったといわれています。

これは、あたかも車輪が回転するように、兵隊らが円陣を組んで大きく回りつつ敵陣へ進んでいく戦術です。

ともあれ、予測しない上杉軍の猛攻にあって武田の本隊はたちまち混乱し、武田信繁《のぶしげ》、両角《もろずみ》豊後守ら有力武将が戦死してしまいました。

このように、まさに壊滅寸前の武田の本隊でしたが、ようやく別働隊が戻ってきて上杉軍の背後を攻撃しはじめました。

これにより戦いは混戦状態となり、このおり、上杉謙信が武田信玄の本陣に馬で乗り入れたのだといわれています。

なお、両雄の一騎打ちについて記された最も古い記録は、信玄の業績を書いた『甲陽軍鑑』です。この史料によれば、白手拭で頭を包んだ謙信は萌黄《もえぎ》の胴肩衣を身につけ、月毛《つきげ》の馬に乗って三尺（約一メートル）ほどの太刀を抜きはなって三度まで床几に座る信玄に斬りつけたといいます。信玄はとっさに軍配団扇でその攻撃を凌《しの》ぎましたが、謙信は再び信玄に襲いかかろうとします。このとき、信玄の家臣・原大隅が主君を救うために槍で謙信を突こうとします。が、それが外れて馬の尻にあたり、驚いた馬が謙信を乗せたまま走り去ったため、信玄は危機を脱したそうです。ちなみにこのおり、信玄が傷を負ったとする史料もあります。

やがてこの話は、のちの軍記物に取り入れられて尾ひれがつき、さらに小説や映画、テレビドラマなどにも名場面として盛りこまれるようになりました。

信玄に太刀をあびせたのは謙信ではなかった！

しかしながら、川中島での両雄の一騎打ちは、史実としてはきわめて怪しいのです。当時の確かな史料に存在しないのです。

ただ、謙信がこの戦いで実際に太刀を使ったのは確かなようです。

それは関白の近衛前久《このえさきひさ》が上杉謙信に送った戦勝祝いの書簡で、次のように明記しているからです。

「この度、信州表に於《お》て晴信（信玄）に対し一戦遂《と》げ、大利を得られ、八千余討ち捕られ候事、珍重の大慶《たいけい》に候。期せざる儀《ぎ》と雖《いえど》も、自身太刀《たち》討ちに及ばるる段、比類《ひるい》無き次第、天下の名誉に候」

これはたぶん、謙信の戦況報告に対する返信だと思います。これをよく読みますと、八千人を討ち捕ったというあまりにオーバーな自慢話が出ていますね。

また、大将自身が太刀を抜いて戦うのはとても名誉なことだとわかります。ましてや、その相手が敵の大将・信玄であれば、さらに凄いことになるわけで、謙信が信玄との一騎打ちを前久に知らせなかったはずがありません。もちろん、これを報告していれば、前久も返信で必ずその行動に言及してくるはずですから、やはり謙信が戦った相手は信玄ではなかったのでしょう。

じっさい、上杉側の記録である『上杉年譜』には、武田信玄に太刀をあびせたのは荒川伊豆守義遠《よしとお》だと書かれています。

なぜ武田側の記録では謙信が信玄を襲ったことになっているのか？

ではなぜ、武田側の史料である『甲陽軍鑑』には、信玄を襲撃したのは上杉謙信だと記載されるようになったのでしょう。おそらくそれは、どこの誰ともわからない武者に大将が襲われるのはみっともないと思ったから、いつの間にか、武田側では「信玄に襲いかかったのはきっと敵の総大将・上杉謙信に違いない」とささやかれるようになり、やがてそれが事実のように伝わり、『甲陽軍鑑』に採録されたのではないでしょうか。

いずれにせよ、あの有名な一騎打ちがなかったというのは、ちょっと残念ですね。

残念なのは、これだけではないのです。

先ほど紹介した啄木鳥の戦法自体も怪しいのです。戦国研究の第一人者・小和田哲男氏は『戦国の合戦』（学研新書）のなかで、実際に川中島の現場を歩いた感想として道が狭く「夜中、一万二〇〇〇の軍勢が敵に気づかれず接近することは無理なような気がする。『啄木鳥の戦法』は作られた話ではないだろうか」と類推しています。さらに驚くべきは、「そもそも上杉謙信が妻女山に布陣したかどうか問題がある」というのです。当時の良質の史料から、謙信が妻女山に陣をしいた事実が確認できないのだといいます。

とすれば、いったい〝川中島の戦い〟とは、どんな戦いだったのでしょうか？

「関ヶ原合戦で家康が天下を取った」というのは大間違い！

徳川家康が江戸に幕府を開いたのは慶長八年（一六〇三）のことですね。関ヶ原合戦に勝利してからなんと三年もの月日が流れています。

どうして家康は、戦いに勝ってすぐに幕府を開かなかったのでしょうか。

じつは、そうしたくてもできなかったのです。

というのは、関ヶ原合戦で家康に勝利をもたらしたのは、徳川軍ではなかったからなのです。

福島正則《まさのり》や黒田長政といった、かつて秀吉に可愛がられていた武将たちだったのです。

徳川軍の主力部隊は遅延、合戦で活躍したのは豊臣系大名たちだった

秀吉が死んだのち、豊臣政権は幼い君主・秀頼（秀吉の遺児）を五大老《ごたいろう》（五人の有力大名）・五奉行（五人の側近）が補佐する体制をとっていましたが、政権内部では家康派と反家康派に分かれて対立していました。

そうした派閥争いが高じて勃発したのが、関ヶ原合戦でした。ですから家康派の豊臣系大名たちは、家康の天下取りのために働いているという気持ちはもっていません。豊臣政権のなかで派閥争いに勝って、政権における主流派になるつもりでした。

慶長五年（一六〇〇）に家康は五万六千人の大軍を率いて、豊臣政権に謀反をたくらんだとして、会津の上杉景勝《かげかつ》（五大老の一）の征伐に向かいました。しかし、家康が大坂を留守にしている隙に、石田三成ら反家康派が挙兵したのです。

そこで家康方の武将たちは反転して西へ向かいますが、家康は彼らの戦いぶりを確認したり、政治工作をおこなう必要から、江戸にとどまりました。

しかし家康方の先鋒軍は破竹の勢いで西軍を破っていきます。そこで家康も九月一日に江戸を出立し、十一日に清洲城に到着しました。

ところがこの地で、中山道を西上している息子の秀忠軍が上田城攻めに足を取られ遅延している事実を知ります。じつは家康が率いた徳川勢三万は小身の寄せ集めで、徳川の精鋭主力部隊は秀忠が率いていたのです。

だから家康は、風邪だと称して清洲城にとどまり秀忠軍を待とうとしますが、功を焦った豊臣系大名が前線で猛進撃を続けていきます。このまま彼らが西軍を敗退させてしまったら、徳川の面目は丸つぶれです。そこで仕方なく、家康は主力軍の到着を待たずに関ヶ

合戦のようすを伝える「関ヶ原合戦図屏風」(関ヶ原町歴史民俗資料館)

原へ向かっていったのです。

合戦の火蓋を切ったのは、東軍の井伊直政《いいなおまさ》でした。直政は、徳川四天王と呼ばれた家康の側近中の側近です。

前もって、合戦での先手一番は福島正則軍と決められており、さらに細川忠興《ただおき》、黒田長政といった豊臣系大名が最前列に並んでいました。その一群に唯一加わっていた徳川の直臣《じきしん》が井伊直政だったのです。

当日、関ヶ原は深い霧が立ちこめていました。両軍は対陣したままにらみ合っています。そんななか、福島正則隊の脇を五十の騎馬隊がすり抜けようとしました。そう、井伊直政勢です。これを見とがめた福島隊の可児《かに》才蔵は「今日の先手は我々。ここから先は通すわけにはいかない」と怒鳴ります。すると直政は「ここにおわすは忠吉《ただよし》（家康の四男）様。今日が初陣なので偵察に来ただけだ」と答えてそのまま先へ進み、なんと対峙する宇喜多秀家《うきたひでいえ》軍一万七千へ突撃したのです。ずいぶん無茶をするものです。

ともあれ、家康の息子と直臣が一番槍を入れたので、家康は上機嫌でした。ちなみに直政は、この合戦で受けた傷がもとで、翌年に死んでいます。

ただ結局、合戦で活躍したのは豊臣系大名でしたので、戦後の論功行賞は彼らに多くを与えざるをえず、そんなわけで、家康が完全に政権を掌握するまで、三年もの月日がかかってしまったのです。

天下分け目の合戦に遅延した三男・秀忠がなぜ家康のあとを継げたのか？

ちなみに、そんな原因をつくってしまったのは徳川秀忠でした。彼は家康の三男です。長男の信康《のぶやす》はすでに死んでしまっていましたが、次男の秀康《ひでやす》はまだ健在でした。

しかし秀康は、秀吉の養子に入った人物で、その後は結城《ゆうき》氏の養子になっていたので、家康は三男の秀忠を後継者としたのです。ただ、この秀康という男、生まれながらにして大将の器を備えていたようで、徳川家の譜代家臣のなかには「秀康様を後嗣に」と希望する声もあったといわれています。

この天下分け目の戦いにおいても、結城秀康はぜひとも先陣を賜りたいと実父に懇願しています。

しかし、家康はその申し出をやんわりと退け、「もし会津の上杉景勝に江戸を突かれたら終わりだから、おまえは宇都宮に在陣して彼らに備えよ」と命じたのです。ただ、徳川方の伊達政宗や最上義光《もがみよしあき》に阻まれた景勝が、じっさいに江戸を攻撃できるはずはありませんでした。しかし家康は、いかにこの任務が重要であるかを懇々《こんこん》と説いて次男を納得させたといいます。

秀康をもし先陣に任じて、万が一、大功でもたてることがあったなら、秀忠の嫡子としての地位が揺らぎ、家康の死後、家督争いにも発展しかねません。それを、家康は考慮したのだと思います。

同様に、東山道の総大将に秀忠を任じたのも、関ヶ原という晴れ舞台で主役を演じさせ、後継人たる秀忠の地位を不動にしようとしたからで、だからこそ、絶対に負けることのないよう参謀に本多正信をつけ、榊原康政《さかきばらやすまさ》、大久保忠隣《ただちか》といった猛将を秀忠に配したのです。それなのに、秀忠は遅参したのです。

家康はこのとき激怒したといいますが、それも無理はないでしょう。

しかしながら、秀忠の後嗣は決定事項です。いくら大きな不始末をしでかしたからといって、廃嫡問題にまで持ちこむのはどうなのでしょうか。が、あえて家康は、後継者を誰にすべきかを再度四人の重臣に諮問したといいます。たぶんそれは、四男・忠吉と大いに関係があったと思われます。

先に述べたように、関ヶ原の合戦で忠吉は傅役《もりやく》の井伊直政とともに西軍へ一番槍を入れたうえ、負傷しながらも抜群の働きを見せました。家康は感激のあまり、手ずから直政に薬を塗ってやり、忠吉にはその薬を手渡したといわれています。

じつは家康が最も愛した子は、忠吉だったとも伝えられています。

『名将言行録』によれば、関ヶ原合戦後の後継者会議で家康は、忠吉を後嗣にしたいと発言したといいます。その意に沿ったのか、井伊直政と本多忠勝もそろって忠吉を推しました。対して本多正信は秀康を推薦しました。秀忠を後継者にといったのは、大久保忠隣ただひとりでした。

なのに家康は、忠隣の言い分をもっともと裁定し、秀忠を後継者に再任したのです。少々不可解ですね。

私はたぶん家康の心は、はじめから秀忠に決していたのだと思っています。選定会議を開いたのはむしろ、これを機に明確に秀忠が後嗣であることを再確認させ、動揺する家臣団の結束を図るつもりだったのだと考えたほうがよいでしょう。

徳川家を左右する実力者たちは、主君家康の前で己の意見を開陳しました。そのうえで家康が決めたことだから、それぞれ異論があっても主君の意志を尊重するしかありません。すなわちこの時点で、秀康と忠吉は完全に後継レースから外され、秀忠に一本化されたわけです。巧みな家康の人心収攬《しゅうらん》術だといえるでしょう。

秀吉の「草履《ぞうり》取りの逸話」「一夜城伝説」は事実ではない！

天下を統一した豊臣秀吉は、昔から日本人に人気がある偉人です。庶民から天下人に成り上がった鮮やかな生き様は、人びとの憧れとなりました。きっとみなさんのなかにも秀吉がいちばん好きだという人も少なくないでしょう。

しかし、秀吉に関するエピソードや業績のうち、誰もが信じて疑わなかったもののなかに、じつは事実ではなかったというものがいくつも存在するのです。

蜂須賀《はちすか》小六と秀吉が出会った〝矢作橋《やはぎばし》〟は秀吉の死後にできた

たとえば、秀吉とのちに側近となる蜂須賀小六との出会いもそのひとつです。

俗に『矢作橋の出会い』と呼びますね。

蜂須賀小六は野武士の親玉で、強盗を生業《なりわい》にしていたといいますが、矢作川にかかる橋（愛知県岡崎市）の上で、偶然、小六は秀吉と出会います。小六の部下が橋で寝ていた少年の頭を蹴りました。それが秀吉だったのです。

驚いて跳ね起きた秀吉は、野武士たちに向かって「無礼者！　小さいからとて同じ人間。あやまれ！」と頭領の小六をにらみつけたといいます。

ふつうの子供なら、野武士の群れを見ただけで縮みあがってしまうところです。この堂々とした物言いに小六は感じ入り、非礼をわびて秀吉を仲間に加えたといいます。

この話の初出は、竹内確斎《かくさい》の著した『絵本太閤記《たいこうき》』です。ただ、秀吉が死んでから二百年経った寛政九年（一七九七）に成立したもので、この話はあまりに面白いのであたかも真実のように人口に膾炙《かいしゃ》するようになりましたが、『絵本太閤記』以前の書には『矢作橋の出会い』の逸話はいっさい登場しません。

そもそも矢作川に橋が架けられたのは、慶長六年（一六〇一）のことだといわれます。つまり、秀吉が死んだあとなのです。

橋自体が存在しないわけですから、このエピソードが本当であるはずもないのです。

信長の草履を暖めた話や「猿」というあだ名もウソだった！

続いて、秀吉が主君信長の目にとまるきっかけとなった草履取りの逸話、きっとみなさんも知っていると思います。

寒い冬の日、草履取りをしていた秀吉が主君のことを思って懐《ふところ》で信長の草履を暖め、これに感心した信長が秀吉に目をかけるようになったという話です。じつはこれも小瀬甫庵の『太閤記』や『川角太閤記』など、初期の秀吉本には出てきません。やはり初出は『絵本太閤記』なのです。そんなわけで、この逸話を事実と考えるのは非常に疑問といえるでしょう。

また、よくテレビドラマなどで、織田信長が秀吉のことを「猿！」とあだ名で呼んでいる場面が出てきますね。じつは、あれもウソです。

信長が秀吉を「猿」と呼んだという当時の記録なんていっさい残っていないのです。

これに関する反論として、毛利元就・輝元・秀就《ひでなり》の三代に仕えた玉木吉保《よしやす》が記した自叙伝『身自鏡』に、秀吉の容貌を「赤ヒゲニ猿眼ニテ、空ウソ吹テゾ出ラルケル」とあることをあげる人がいます。しかし、室町時代に成立した幸若舞『笈《おい》かざし』に「猿まなこ、あかひげにまします」と源平時代の源義経の顔立ちについて記している箇所があり、表現がそっくりです。つまり筆者の吉保がこの記録を知っていて、醜男である象徴的な表現として秀吉の容貌について「猿」の語を用いたのだと私は思っています。

また、天正十九年に京都市中に秀吉を批判する落書が張り出されましたが、そこには、

「まつせとはべちにはあらじ　木の下の　さる関白をみるにつけても」

と書かれていました。たしかに、「さる」はきっと「猿」のことでしょう。ですから狂歌の意味するところは、「木下藤吉郎という身分の低い猿のような奴が関白になるなんて、末世だな」となると思います。しかし、そもそも猿は木の上にいるもので、「木下」という姓にひっかけて猿を持ち出して愚弄《ぐろう》したのだと私は考えます。

ですから、この二つの記録をもって秀吉が世間から猿といわれた証拠にはなりません。

では、秀吉には〝あだ名〟があったのでしょうか。

正直よくわかりません。しかし、織田信長は秀吉の正妻・おねに書いた手紙のなかで秀吉のことを「ハゲ鼠」といっています。ですから、もし信長が秀吉をあだ名で呼ぶとしたら、「猿」ではなく「ハゲ鼠」だったと思います。じっさい、秀吉の肖像画を見れば、猿よりも鼠顔です。

あの一夜城伝説は江戸時代の後期につくられた

さらに、です。あの有名な一夜城伝説も事実ではないのです。

信長は美濃の斎藤氏との激戦地であった墨俣《すのまた》の地に城をつくるよう重臣たちに命じますが、誰も成功しません。そんなとき軽輩の秀吉が自ら立候補して、蜂須賀小六などの協力を得て一夜にして城をつくってしまったというエピソードはみなさんもご存知のはず。これをきっかけに、秀吉は出世街道を驀進したと考えられていますが、けれども、この墨俣一夜城伝説についても史実ではないのです。

たしかに小瀬甫庵の『太閤記』あたりから、永禄九年に秀吉が美濃国の新しい城の番を信長に申しつけられたという記事は登場してくるものの、一夜にして城をつくりあげてしまったという凄いことは全く記されていないのです。一夜城伝説が成立するのは、江戸時代も後期になってからのようです。

そもそも墨俣という地域は、長いあいだ織田・斎藤氏の奪い合いの地となっており、この場所に城がないこと自体、おかしな話なのです。

「真田十勇士」だけでなく、「真田幸村」という人物も存在しなかった！

私は小学生のころ、ＮＨＫの人形劇『真田十勇士』を毎回楽しみに見ていました。これは柴田錬三郎の小説を原作とした劇で、いつもハラハラドキドキの連続だったことを覚えています。とくに猿飛佐助と霧隠《きりがくれ》才蔵は大好きでした。

ただ、高校生ぐらいになって、はじめて真田十勇士というのは実在する人物でないことを知って、とてもガッカリしたことを記憶しています。

もちろん十勇士のなかには実在した武士の名前はたしかにあるのですが、その人の業績は真田十勇士のそれとは全く異なっており、そういった意味では、真田十勇士は完全に創作上の男たちといってよいでしょう。

十勇士の物語の原型は江戸時代後期につくられ、それをもとに大正時代に立川文庫にその活躍が描かれて国民に広く知られるようになったのです。

上田城主・真田昌幸の次男は〝幸村〟とは名乗っていなかった

もし真田十勇士たちが架空の人物だというのであれば、その主君だった真田幸村さえも実在しなかったのでしょうか。

じつは、真田幸村という男も実在しなかったのです！

これを聞いて、腰を抜かさんばかりに驚いている戦国ファンも少なくないでしょう。

ちょっと言いすぎました。

大坂冬の陣で真田丸に籠もって徳川軍に大打撃を与えた武将、夏の陣で家康の本陣を突き崩した男はいました。が、彼は「真田幸村」と名乗っていないのです。「真田信繁《のぶしげ》」と称しているのです。

じつは良質の史料では、幸村と名乗っているものがひとつもありません。おそらく幸村という名は、江戸時代の軍記物によって命名され、それがあたかも事実のように受け継がれていったものと思われます。

真田幸村という名が存在しなかったなんてウソのような話ですが、現在のところ、信繁がそう名乗った史料は見つかっていないのです。

ところで真田信繁という人は、いったいどんな武将だったのでしょうか。そのあたりのことを詳しくお話ししたいと思います。今回は便宜上、信繁だとイメージが湧かないので、一般に流布している「幸村」という名前を使わせてもらいますね。

真田親子は家康の嫡男・秀忠の軍を足止めして天下に名をとどろかせたが……

幸村は永禄十年（一五六七）、信濃国上田城主であった昌幸《まさゆき》の次男として生まれました。昌幸は慶長五年（一六〇〇）、家康の会津（上杉景勝）征伐に従軍していましたが、下野国犬伏で石田三成から「味方してほしい」との密書を受け取りました。その後、三成は家康打倒をかかげて挙兵します。

じつは昌幸は、三成と同じく宇田頼忠《よりただ》の娘を妻としており、次男の幸村も三成の盟友・大谷吉継《よしつぐ》の娘と結婚していたので、昌幸は次男の幸村とともに三成率いる西軍に加担することを決めました。しかし、長男の信之は家康の養女（本多忠勝の娘）を正妻としていたので、徳川（東軍）に与力することを決意したのです。

おそらく東西両軍に分かれて、御家の存続をはかったのだと思われます。

さて、石田三成の挙兵を知って家康はすぐに先鋒隊を西上させ、しばらく経ってから自分も江戸を発して東海道をのぼっていきました。このとき嫡男の徳川秀忠は大軍を引き連れ中山道から進撃を開始しますが、途中、真田昌幸・幸村父子の籠もる上田城を包囲しました。ところが、これを攻めあぐね、ついに関ヶ原合戦に間に合わなかったのです。

これにより真田父子の名は天下にとどろきましたが、戦いは東軍側の勝利に終わったため、戦後、真田昌幸は領地を没収され、紀伊国高野山麓九度山に蟄居させられてしまいました。

本来であれば、処刑されても仕方なかったのですが、長男の信之が家康に哀願したため、命だけは助かったのです。

九度山に蟄居させられた真田親子の貧しく淋しい生活

さて、蟄居してからの真田父子ですが、生活は非常に苦しかったようです。罪人といえども数十人の家臣や使用人がともに生活していたので、信濃国上田を領する真田信之の仕送りと監視役の和歌山城主・浅野長晟の下賜米だけでは食べていくのがやっとのようで、しばしば昌幸は信之に金を無心しています。

昌幸は数年経てば罪を許されると信じていたようですが、結局、その希望はかなわぬまま慶長十六年に六十五歳で死んでしまいました。これにより多くの家臣が上田へ戻ってしまったようで、幸村の周囲はにわかに淋しくなりました。生活はますます困窮し、村人に壷二つ分だけ焼酎を入れてくれと懇願する手紙が残っています。

またこの時期、幸村は姉・村松殿の夫・小山田茂誠から鮭を二匹送ってもらったので、その礼状をしたためています。そこには、

「とかくとかく年のより申し候こと惜しく候、我々なども去年より俄《にわか》に年より殊《こと》の外病者になり申し候、歯なども抜け申し候、髭《ひげ》なども黒きはあまりこれなく候」

と記されています。

急に老けこみ、病気がちになり、歯が抜け、頭髪も真っ白になってしまったことを歎いているのです。

私たちのイメージする真田幸村は、颯爽《さっそう》たる美丈夫ですが、じっさい大坂の陣に参加したさい幸村は四十八歳になっており、当時人生が五十年程度であることを思えば、七十歳をすぎた感覚といえるのです。

貧しく病気がちで歯の抜けた白髪の武将、それが本当の真田幸村の姿だったのです。みなさん、信じられますか？

大坂冬の陣で奮死した真田幸村の兵を「日本一」とたたえた家康

徳川と豊臣の決裂が決定的になった慶長十九年（一六一四）、豊臣秀頼の招きで幸村は密かに九度山を抜け出して大坂城に入りました。彼が豊臣方についたのは、このまま何もせずに朽ち果てるのが嫌だったのだと思います。

大坂冬の陣がはじまる前、幸村は宇治・瀬田で徳川の大軍を迎撃すべきだと主張しました。しかし父・昌幸と異なり、幸村の手腕は未知数であり、それほど率いてきた部下も多くなかったため、その案は相手にされず籠城と決しました。

そこで幸村は、大坂城の弱点になる三の丸の南、外濠の先に砦を築きました。いわゆる「真田丸」と呼ばれるものです。

幸村は夜ごと真田丸から鉄砲隊を出し、笹山という小高い丘から敵陣に銃を放ったのです。こうした挑発に激怒した前田利常の軍勢が、笹山を奪い取るべく来襲すると、真田勢はすでに退散したあとでした。そこで勢いに乗った前田軍がさらに前進して真田丸の空堀の柵に取りついたとき、すさまじい銃声がおこり、雨のような弾丸が見舞われ、前田勢は多数の死傷者を出しました。ところが、この銃声を聞いた井伊直孝軍、松平忠直軍、藤堂高虎軍も戦功を焦ったのか、とっさに真田丸まで突進してしまい、まんまと高所に陣取る真田の鉄砲隊の餌食となっていったのです。

この真田丸の攻防は十時間におよび、ついに徳川軍は撤退を余儀なくされました。

この活躍で真田幸村の名声は大いにあがりました。

こうした勇戦を目の当たりにした家康は、まだ大坂冬の陣の最中より、幸村の叔父にあたる真田信尹を通じて、さかんに裏切って自分に味方するようにと、幸村への勧誘工作を展開していきました。一説には信濃国を与える条件を出したといわれています。

けれども幸村はこれに応じず、そのまま大坂城に居つづけ、翌年、大坂夏の陣のおりに討ち死にしました。

同年五月六日の道明寺口の合戦において幸村隊は伊達政宗軍を相手に一歩も引かぬ激戦を演じ、翌日、松平忠直軍を撃破しつつ、一丸となって茶臼山の家康本陣に肉薄していきました。そして、激しい突撃を三度まで繰り返し、ついに徳川の旗本を切り崩し、本陣を大混乱に陥れたのです。

このおり、本陣の旗本たちはみな逃げ散ってしまい、ひとり取り残されそうになった家康は絶望して「俺は死ぬ、俺は死ぬ！」と叫んだと伝えられます。

ただ、三度目の突撃ののち、幸村は力尽きてしまい、東軍が家康を助けに真田隊に殺到したとき、安居天神近くの田で床几に腰掛けて息を整えていたといいます。

結局、休息しているところを松平忠直軍の西尾仁左衛門に槍で貫かれ、首を落とされてしまいました。

敵ながら天晴《あっぱ》れだと思ったのでしょう、家康は幸村の首実検のとき、「おまえたちもこの幸村にあやかれ」と言って、幸村の頭髪を抜いて部下に分け与えたといわれています。

「真田は日本一の兵、いにしへよりの物語にもこれなき由、惣別これのみ申す事に候」

このように『薩藩旧記』は、真田幸村を日本一の兵だとほめたたえています。

信長は比叡山だけでなく高野山の焼打ち計画も立てていた

神仏を恐れない合理主義者の織田信長は、元亀二年（一五七一）九月、比叡山延暦寺を焼打ちにしました。

以下に『信長公記』の該当箇所を現代語訳してみたので、比叡山焼打ちがどのようなものであったのか、その概要をつかんでください。

比叡山焼打ちはなぜ、どのようにおこなわれたのか？

九月十一日、織田信長は近江石山城主・山岡玉林（景猶《かげなお》）のもとに陣をしき、十二日から比叡山へ攻め寄せました。

その詳しい事情ですが、去年、野田・福嶋砦を厳しく攻め、もはや落城に及ぶというとき、越前の朝倉義景と北近江の浅井長政が比叡山のふもと坂本口まで打って出てきました。信長は京都へ乱入されてはまずいと思い、野田・福嶋から退去して即座に逢坂を越え、越北衆に攻め向かい、浅井・朝倉軍を壷笠山へ追い上げます。このおり兵糧攻めにしようと考え、比叡山延暦寺の衆徒を呼び出し、「この度信長公に対して忠義を尽くすならば、信長の分国内にある比叡山領を元のように還付する」との旨を誓い、御朱印を押した文書も渡しました。

なおかつ「もし僧侶の道理により一方だけに力添えがしがたいのなら、見ないことにしてなにもしないでほしい」と言い聞かせたのです。同時に「もしこの両条に背いたときは、根本中堂・三（山）王廿一社をはじめ、ことごとく比叡山を焼き払う」と断言しました。

ところが比叡山の僧侶たちは信長の命令に応じず、浅井・朝倉方についたのです。

比叡山の山門・山下の僧侶たちは、王城（朝廷）の鎮守でありながら、仏教修行や仏事など僧侶の作法もおこなわず、天下の笑いものになっているのも恥と思わず、天道の怒りもかえりみず、性的に淫らなことをし、魚や鳥を食べ、金銀の調達に耽《ふけ》っていました。

いずれにしても、この怒りをはらすため、信長は九月十二日に比叡山へ激しく攻めかけ、根本中堂・山王廿一社（日吉大社）をはじめ、霊仏・霊社・僧坊・経巻など一つも残さず、一度に雲霞《うんか》のごとく焼き払ったのです。

山門山下の男女貴賤は右往左往し狼狽《ろうばい》して我を忘れ、取るものも取りあえず、みなはだしで八王寺（子）山へ逃げのぼりました。しかし多くの兵が四方から八王寺へ攻めのぼり、僧侶や俗人・子供・智識の高い僧・上人など、ひとりひとり捕えては首を切り、信長公にお目にかけ、「これは山頭（比叡山）で知れ渡っている高僧・貴僧・知恵のある僧です」などと報告したといいます。

そのほか美女や子供を数えきれぬほど捕えつらねて、信長の前へ連れてきました。

この者たちは、「悪僧はしかたありませんが、私たちはお助けください」と口々に哀願しましたが、容易に許さず、ひとりひとり首を切らせ、目もあてられないなりゆきとなり

信長の標的となった比叡山延暦寺根本中堂(毎日新聞社)

ました。

数千の屍があたりかまわずころがり、哀れな有様でした。かくして信長は数年来のうっぷんを晴らしたのです。

その後、信長は志賀郡を明智光秀に与え九月二十日に岐阜城へ帰陣しました。ちなみに信長は光秀に下坂本の湖岸に坂本城築城を命じています。坂本城には小天守(連立式の天守)があり、安土城に次いで立派な城だといわれています。

以上が『信長公記』に記録された比叡山焼打ちの概略です。

なお近年、比叡山を発掘した結果、戦国時代には山中にはあまり建物は存在しなかったという事実が判明しました。山中の坊舎は次々に廃絶してしまっており、信長時代の延暦寺関連の堂舎は、麓の坂本に下りてきていたことがわかっています。つまり焼打ちの中心は坂本にあった坊舎と山王二十一社だったらしいのです。もちろん、比叡山一帯が放火されたのも事実ですが、多くの人間が殺されたというのは、どうやら坂本での出来事だと思われます。だから女や子供がたくさん捕まったのですね。

ちなみにこの信長の行為を知った武田信玄は激怒し、領内の身延山久遠寺（日蓮宗の本山）を長野へ移転し、同地に比叡山を再興しようとしたと『甲陽軍鑑』に記されています。

高野山金剛峯寺の焼打ちの大軍はなぜ、包囲しただけで攻撃しなかったのか？

ところで最澄がつくった比叡山延暦寺を焼き払った信長ですが、その後、空海がつくった高野山金剛峯寺も焼打ちしようと計画していたことをご存知ですか。

天正九年（一五八一）、信長は安土や京都などで諸国から捕まえてきた高野聖《ひじり》千三百人以上を殺害しました。スゴイ数です。高野聖というのは、各地を巡行して真言宗を広め高野山への帰依《きえ》をすすめる僧のことです。

信長がこうした行動に出たのは、高野山側が信長に叛旗をひるがえした荒木村重の残党をかくまったためでした。信長は残党を捕まえるために三十人以上の兵を遣わし高野山の探索をおこなわせましたが、なんと高野山側が信長の家臣たちを殺してしまったのです。

そうした行為に対する報復として、信長は全国の高野聖を大量に虐殺したのです。

当時、高野山も比叡山と同じく、戦国大名に匹敵する人数を動かすことができ、なおかつ、高野山の周辺には城砦がいくつもあったといわれています。一説には四万人近い勢力を動かすことのできる軍事力を有していたといいます。

信長はこの時期、四国の長宗我部元親《ちょうそかべもとちか》を征伐しようと考えており、高野山が長宗我部氏に加担することを危惧《きぐ》していたともいわれています。

そこで同年、信長は三男・信孝らを大将として高野山へ向けて発向させることに決めました。驚いた高野山側は、京都仁和寺《にんなじ》の任助法親王《にんにょ》を介して朝廷の勅命によって攻撃を中止させようとするとともに、迎撃態勢をととのえました。

翌天正十年春、織田信孝率いる十数万の大軍がついに高野山を包囲しました。しかし、取り巻いただけで実際の戦いにはいたりませんでした。この兵力はそのまま四国攻めに転用されることになったのです。

しかし、高野山が信長軍の総攻撃を受けるのは時間の問題だったと思います。けれども、結局、高野山の焼打ちは実施されませんでした。そう、それからわずか数カ月後に信長が本能寺の変で殺されてしまったからです。

ちなみに信長の後継者になった豊臣秀吉ですが、高野山が彼に素直に従わなかったために、秀吉もやはり焼打ちを宣言しています。ここにおいて真言宗の僧侶である木食応其が秀吉方と交渉し、ついに高野山は秀吉に屈服するかたちで和議を結びました。ただ、これにより秀吉は高野山に莫大な財を提供し、金堂や大塔を建立してくれました。

いずれにせよ、比叡山のみならず、信長は高野山まで焼打ちにしようとしたのです。

「越後の虎」と恐れられた上杉謙信はなぜ妻をもたなかったのか?

「越後の虎」と恐れられた上杉謙信は、妻をもたず生涯不犯《ふぼん》を通したと伝えられます。ほかの戦国大名たちが「英雄色を好む」といわれるように、かなり好色だったのに対し、なんとも異色の戦国大名といえるでしょう。

それにしても、なぜ上杉謙信は女性といっさい接触しなかったのでしょうか?

これについては、いくつか説があります。

謙信は自分を戦国大名であるとともに、僧侶でもあると規定していた
よく知られているのは、彼の信仰心によるものとする説です。

生涯不犯を通したという上杉謙信(米沢市上杉博物館)

謙信は嫡男ではなかったので、将来家督争いがおこらぬよう、父親によって幼いころから林泉寺に入れられていました。

将来は僧侶になるべく仏道修行に励んでいたのです。

ところが、兄の長尾晴景《はるかげ》に無理やり現世に引き出されて、武将として戦うことを余儀なくされたのです。けれども、謙信の仏教に対する信仰心は戦国大名になってからも全く衰えることはなかったようです。じっさい、天文二十二年（一五五三）には京都大徳寺に参禅し、弘治二年（一五五六）年には家臣の反対を押し切って本気で高野山で出家をしようとしているのです。

この当時の僧侶は、浄土真宗でないかぎり妻帯は許されず、もちろん女犯も認められていなかったのです。

謙信は、自分を戦国大名であるとともに、僧侶でもあると規定していたと考えれば、彼が女性に接触しなかったのは当然といえるでしょう。

さらに後年になると、謙信は「自分は仏教の守護神である毘沙門天の化身だ」と信じこむようになっており、なおさら邪淫は避けたのかもしれません。

ホモセクシュアル説、身体障害説、重臣諫言《かんげん》説、そして謙信女性説まで

もうひとつ、謙信がじつはホモだったとする説もあるんです。

戦国大名の多くが男色の癖をもっていましたが、いっぽうで女性も愛することができました。これに対して謙信は男性のみ——すなわちホモセクシャルだったというのです。

ちなみに、謙信が養子にした景虎《かげとら》（北条氏秀）は、関東一の美少年だったと伝えられ、謙信は彼を寵愛したといわれています。

このほか身体に障害があったという説があります。江戸時代の『常山紀談』には左足に気腫《きしゅ》があり、歩くときに足を引きずっていたと記されています。謙信は合戦で左内股に深い矢傷を受けたという伝承もあり、こうしたことが原因になって勃起せず性交渉ができなくなってしまったという説があるのです。

さらにロマンチックな話ですが、次のような伝承も存在します。平井城主千葉采女《うねめ》の娘・伊勢姫が人質としてやってきたとき、謙信はこの女性に一目惚《ぼ》れしてしまいますが、「敵の女を愛すべきではない」という重臣の諫言に従い諦めました。けれども以後、伊勢姫以外の女を愛することができなかったとするもので、じっさい謙信は片思いのまま恋が終わったことを示唆するような歌も詠んでいます。

最後に珍説を紹介して終わりにします。それは、謙信はじつは男ではなく、女性だったというものです。たしかに謙信が身につけた服といわれるものは、どれも非常に小さいのです。これなら女性を愛せなかったというのも頷《うなず》けます。ただ、私はとても史実だとは思いませんが……。まあ、参考まで。

大河ドラマの主人公・直江兼続《かねつぐ》は本当は怖い人だった！

二〇〇九年度の大河ドラマの主人公は直江兼続ですね。

おそらく大河ドラマになるまで、この人物を詳しく知っている人は、それほどいなかったと思います。

妻夫木《つまぶき》聡《さとし》さんをはじめ、イケメンや美女が多数出演するので、きっと人気はうなぎ登りにあがっていくことでしょう。

じつは直江兼続は、とても凄い人なのです。

兼続が石田三成と謀って家康に有名な「直江状」を送ったという事実はない!?

直江兼続は、上杉景勝の単なる軍師ではありません。ほとんど景勝から政治を一任されていたのです。なおかつ、豊臣秀吉の寵愛を受け、豊臣姓を名乗ることを許されたうえ、景勝が会津百二十万石の地を与えられるとき、秀吉は景勝に対して「兼続には米沢二十二万石をあげるように」といったといいます。

さて、おそらく大河ドラマのクライマックスは、関ヶ原の戦いあたりになるでしょう。このときに兼続は、劇的な役割を演じているからです。

慶長五年（一六〇〇）に家康は、会津に戻って城下を整備していた上杉景勝に対し、「おまえの謀反の疑いを晴らすため上洛せよ」と催促してきました。

このとき景勝は、家康との対決を覚悟したといいます。そうさせたのは兼続でした。

そして兼続は、家康の詰問に対して反駁《はんばく》状をしたためたのです。これが有名な「直江状」というものです。

書状には家康の非が理路整然と書かれ、堂々と景勝の行為の正当性を主張していて、まことに見事なものでした。

しかしこの直江状が、結局、家康の軍事行動を誘うきっかけをつくってしまいます。家康はこれで「豊臣政権に服さない逆賊を討つ」という名分を得てしまい、同年六月に大坂城から大軍を引き連れて会津へ向かってきたのです。

しかし遠征の途中で、石田三成が挙兵、家康は会津征伐を中断して江戸に戻り、やがて関ヶ原合戦へと発展していくことになりました。

じつは兼続は石田三成と仲がよく、彼と連絡をとりながら、わざと家康を挑発する直江状をしたため、家康が大坂を離れるように仕組んだといわれています。

おそらく大河ドラマでも、そうした内容が放映されるかもしれませんが、それは史実ではありません。

現段階で、兼続と三成が連絡を取りあっていたという確実な史料は発見されておりません。それどころか、直江状自体がどうやら真っ赤な偽物らしいのです。

上杉氏を研究している歴史家の花ヶ前盛明氏によれば、直江状は『古今消息集』(『国立公文書館内閣文庫所蔵』)や『上杉家御年譜』などに収録されているものの、原本は存在しないのだといいます。さらに、書状のなかの言葉の使い方や内容に疑問点が多く偽書だと主張しています。

戦国ファンにとってはかなりショックな事実ですね。

「愛」という文字を兜に飾った兼続のイメージとは異なる凄い話

関ヶ原合戦では結局、三成方が負けてしまい、戦後、上杉景勝も領地を四分の一に縮小されたうえ会津から米沢へ移されてしまいます。

兼続は戦後、徳川家との関係改善をはかるとともに、新地において藩政を主宰し、治水灌漑に力を入れ米沢藩を豊かにしました。また、禅林文庫を創建して古典籍の蒐集・保存につとめるとともに銅活字を用いた出版事業を手がけたのです。

そんな兼続ですが、けっこう怒ると怖いのです。

彼は「愛」という前立てをつけた兜で戦場で戦いましたが、そうしたイメージとは異なる逸話が残っています。

上杉氏の家臣に三宝寺勝蔵という者がおり、勝蔵が手下を成敗しました。するとその親族が「殺すことはないではないか。彼を返せ」と激怒し、藩政の責任者・直江兼続のところに直訴したのです。そこで兼続は彼らに白銀二十枚を与え「これにて勘弁し、死者を供養してあげなさい」と説諭しますが、「とにかく死者を返してくれ」と繰り返すだけでし

「愛」を兜の前立てにあしらった直江兼続（米沢市上杉博物館）

た。

全く説得に応じようとしません。そこで兼続は、家臣の森山舎人に高札一枚を持ってくるように命じ、奥へ入ってさらさらと文章をしたためました。

そして再び訴人たちの前に出て、

「おまえたちにいくら諭しても聞き入れてもらえない。このうえは仕方がないので、死者を呼び返してやろう。だが、冥土《めいど》へ呼びに遣わす使者がいない。大儀であるが、死者の兄、伯父、甥の三人が閻魔《えんま》大王のもとへ参り、死者を受け取ってきてくれ」

そういうと、三人を引っ捕らえて往来橋というところで殺害し、先ほどしたためた高札を立てたのです。

そこには、「この三名を迎えに行かせるの

で、死者をお返し願いたい」といった主旨が記された閻魔大王宛の手紙が刻まれていたのです。

じつは、本当は怖い直江兼続なのでした。

女性の地位が低かった戦国時代に女の戦国大名が存在した！

戦国時代の女性というと非常に地位が低く、大名の子女などは政略結婚の道具や人質として、あたかもモノのように扱われたというイメージが強いと思います。

たしかに戦国時代に女性の地位が低下していったのは間違いありません。

でも、みなさんが思っているほどではないのです。

一般にいわれているほど戦国時代の女性の立場は弱くはなかった

宣教師のルイス・フロイスによれば、日本の女性はしっかり自分の財産を持っていて、ときにはそれを夫に高利で貸しつける場合があると記していますし、伊達氏の分国法である『塵芥集』には、強い女が夫を追い出し、自分は自由の身だといって夫やその親類に届け出ずして再婚してはならないと明記されています。こうした禁止条項が出るということは、家から旦那を追い出して、新しい男を引きこむ女があとを絶たなかった証拠だといえるでしょう。

また、女性には財産の相続権はなかったと思われがちですが、夫が死んで相続する相手がないときは、女性が家督を相続する事例はいくつも存在しています。

このように、一般にいわれているほど戦国時代における女の立場は弱くはなかったということです。

ところでみなさんも、山内一豊の妻や前田利家の妻まつが、懸命に夫を支えて出世に導いたことはよくご存知だと思います。

また、豊臣秀吉の側室・淀殿は、秀吉の死後、息子・秀頼に対して絶大な影響力をもち、あたかも大坂城の主のようにふるまっています。

じつは、このほかにも、戦国時代に男にまさる活躍をした女性はたくさんいるんです。ウソのような話ですが、なんと女の戦国大名もいたんです。

駿河の戦国大名・今川氏親の正室で、今川義元の母・寿桂尼《じゅけいに》

それは、寿桂尼という人です。駿河の戦国大名・今川氏親の正室だった方です。権大納言中御門《なかみかど》宣胤《のぶたね》の娘として生まれ、今川氏に嫁いで氏親とのあいだに氏輝、義元をはじめ何人もの子供をもうけました。

ただ、夫の氏親はにわかに中風で倒れてしまいます。このおり、まだ嫡男・氏輝が幼かったため、なんと、寿桂尼が今川氏の指揮をとるようになったといわれています。古記録でも大永四年（一五二四）に彼女が領内の検地に関与していることがわかっています。

大永六年、今川氏親はついに死去しますが、その数カ月前、分国法である『今川仮名目録』を制定しています。この法律ですが、寿桂尼が息子・氏輝に家督がスムーズに渡るよう、彼女が主導権を握ってつくったのではないかと考えられています。

ともあれ同年、十四歳で氏輝が今川氏の家督を相続しましたが、それから二年間は、彼女自身の名で朱印状が発給され、実質的に領内の政治をとったのです。まさしく女戦国大名と呼ぶにふさわしい地位に就いたのです。

その後は成人した氏輝が領内の政務を見るようになりますが、なんと、天文五年（一五三六）にわずか二十四歳の若さで急逝してしまったのです。このため家督をめぐって玄広《げんこう》恵探《えたん》と梅岳承芳《ばいがくしょうほう》とのあいだで対立が起こります。玄広恵探は氏親の側室・福島氏の子で、いっぽうの梅岳承芳は寿桂尼の実子でした。

ここにおいて寿桂尼は、梅岳承芳の叔父にあたる太原雪斎と結んで花倉城で挙兵し、玄広恵探を倒して梅岳承芳を当主にすえたのです。この承芳こそが、のちの今川義元なのです。

ただ、義元が桶狭間の戦いで敗れると、寿桂尼は孫の氏真を支えて再び政治に関与するようになりました。しかし永禄十一年（一五六八）、ついに死去しました。死に際して「今川を守護する」と述べ、今川館の鬼門にあたる竜雲寺に葬られたといいますが、残念ながら翌年、今川氏は徳川家康と武田信玄に領国を攻められ、大名の地位を追われてしまいました。

それにしても、寿桂尼という人は、凄い女ですね。

じつは史実ではなかった、戦国時代のあの有名な話

常識だと思っていたことが、常識ではなかったというのは、ときおり経験することですね。

近年の研究成果などによって、戦国時代の定説が、じつは間違いだったというのは少なくないのです。

そんな驚きの事実をこれからいくつも紹介していきますね。

斎藤道三の「国盗り」は、じつは道三と父の二代にわたるものだった！

まずは蝮《まむし》と呼ばれ、美濃国の名族土岐《とき》氏を追い出して国を奪った斎藤道三のウソです。

道三は油売り商人から身をおこして土岐氏の家臣となり、策謀のかぎりをつくして重臣になりあがり、ついには土岐頼芸《よりなり》を駆逐して一国を盗って戦国大名に成り上がったと考えられてきました。

ところが近年は、斎藤道三は油売り商人から土岐氏の重臣になった父親と、土岐氏の重臣から主君を追い出して戦国大名になった子供の、父子二代にわたる生涯が、斎藤道三という人物に凝縮されて誤伝されたことがわかったのです。つまり、親子二代にわたる国盗りだったというのです。

〝戦国大名のさきがけ〟北条早雲は自ら北条と名乗ったことはなかった！

最初の戦国大名といわれる北条早雲にも驚きの事実があります。

彼は伊勢新九郎という牢人で、今川氏の側室になっている妹を頼って客将となり、六十歳をすぎてから伊豆国を乗っ取り、さらに相模国を支配するようになったといわれてきました。

しかし、牢人というのは誤りで、室町幕府の重臣（政所執事《まんどころしつじ》）伊勢氏の出身であり、年齢もこれまでいわれてきたよりも二十歳程度若いのではないかと考えられるようになったのです。

さらに驚くべきことに、北条早雲は、自分のことを北条早雲と名乗ったことは一度もないのです。北条を名乗るのは早雲の子・氏綱のときなのです。氏綱が北条と称したのは、関東を平定するため、鎌倉幕府の北条氏を連想させるためだったといいますが、早雲は自ら一度も北条とは名乗っていなかったのです。

毛利元就《もとなり》の「三本の矢」の逸話は真っ赤なウソだった！

戦国時代の有名なエピソードにもウソは少なくありません。代表的なのは毛利元就の三本の矢でしょう。

元就は臨終にさいして三人の子供たちを枕頭《ちんとう》に招き、矢を一本ずつ持たせてこれを折らせます。矢は当然のごとく簡単に折れてしまいます。すると今度は三本持たせ、これらを折るよう命じました。しかし三本の矢はビクともしません。そこで元就は、「三人が力を合わせたら、このように領国は安泰なのだ」と告げて亡くなったのです。

この逸話は、Jリーグの「サンフレッチェ広島」のチーム名にもなっていますね。

しかし、この話は真っ赤なウソなのです。中国の古典にある話を後世になって誰かが元就のエピソードにしてしまったのです。なぜなら、そもそも元就が亡くなるとき、長男はすでに早世してしまっていたのです。

謙信が信玄に塩を送った有名なエピソードも事実ではない！

さらに武田信玄が今川氏や小田原北条氏に塩攻めにされているとき、上杉謙信が塩を送ったという有名なエピソードがありますが、あれも事実ではありません。謙信はそんな命令は出していないのです。

それから天文二十三年（一五五四）に駿河国善徳寺に武田信玄、今川義元、北条氏康の三名が会同し、甲駿相の三国同盟が締結されたといわれていますが、この「善徳寺の会盟」も磯貝正義氏などの研究によって、存在しなかったことが証明されています。

〝長篠《ながしの》の戦い〟の信長軍による鉄砲三段撃ちにもウソがあった！

合戦についてもウソが多いですね。たとえば北条氏康が奇襲戦法によって十倍の大軍を破ったといわれる河越の夜戦。この戦いがたしかにおこなわれたという確実な史料は存在

「長篠合戦図屏風」(徳川美術館所蔵)に描かれた戦のようすだが……

しないのです。ですから近年では、その前後におこなわれた合戦がいくつかまとまって河越の夜戦という伝説ができたのだと考えられるようになっています。

さらにビックリするのは〝長篠の戦い〟です。織田信長が足軽鉄砲隊の三千挺の鉄砲を三段撃ちさせて武田騎馬軍団を打ち破ったという戦いですね。

別項でも少し触れますが、これも大ウソで、三段撃ちが状況的にできるはずがないことが判明しています。

なおかつ織田軍が所持していた鉄砲はわずか千挺だったことも近年明らかになっています。

そもそも武田方に騎馬軍団といったものが実在したことも、きわめて怪しいのです。なおかつ、当時の馬はポニー程度の大きさしかなく、土煙をたてて大軍で襲来するというこれまでのイメージとはほど遠いのです。

このように、みなさんが常識だと思いこんでいる戦国のさまざまな逸話や出来事は、じつは間違いであることも多いのです。

第2章

戦国の名脇役たちの知られざる秘密

武田信玄に仕えた名軍師・山本勘助《かんすけ》は実在の人物なのか？

NHKの大河ドラマ『風林火山』の主人公となったことで、山本勘助（介）は一気に有名になりましたね。念のためにいっておきますが、山本勘助は甲斐の名将・武田信玄の軍師として活躍した人物です。

川中島の合戦の失敗を恥じて勘助は壮絶な最期を遂げたといわれるが……

勘助は、明応二年（一四九三）に三河国牛窪《うしくぼ》で誕生しました。父親の名は山本貞幸。軽輩の家柄だったといいます。

勘助は若いころより全国をめぐって戦術や築城術などを学び、あらゆる軍略に秀でるようになったので、小田原北条氏や駿河の今川氏に仕官をこころみますが、どうしても採用されませんでした。その理由は、勘助が足や片目、手の指が不自由で、背が小さいうえ色黒で、なおかつ、ひどい醜男《ぶおとこ》だったからだといいます。

そんな勘助を家臣に登用したのが、武田信玄でした。武田氏の重臣・板垣信方《のぶかた》の推挙があったといいます。こうして信玄に仕えることになったのは天文十二年（一五四三）のことだとされ、勘助は五十歳をすぎてようやく職にありつけたわけです。

それからの彼は水を得た魚のように、信玄に数々の秘策をさずけて領国の拡大に大きく寄与しました。小諸《こもろ》城、高遠《たかとお》城などの縄張りを手がけたのも勘助だといわれています。

ところで武田信玄は、信濃国川中島をめぐってたびたび越後の上杉謙信と戦いました。最大の激戦は、永禄四年（一五六一）の戦いです。この年、信玄は川中島に海津城を構築します。縄張りは勘助が担当したといいます。

これを落としてしまえと、越後から謙信が出てきたので、信玄は二万の大軍を率いて海津城へ入ります。他方、謙信も同城から二キロ離れた妻女山に一万三千で陣をしきました。

こうして両軍が対峙するなか、信玄は密かに別働隊として一万二千を割き、大きく迂回させて上杉軍の背後を突き、驚いた上杉軍が敗走して前に出てきたところを、本隊とで挟撃しようとしました。前に述べたように、これを〝啄木鳥《きつつき》の戦法〟と呼びますが、この策を実行するよう信玄に説いたのが山本勘助だったのです。

ところが謙信は、この動きを察知し、別働隊が妻女山に到着する前に山を下り、武田本隊八千に襲いかかったのです。このため、武田本隊は崩れて多数の死者を出し、信玄の弟信繁なども戦死してしまいます。

勘助は作戦の失敗に責任を痛感し、「上杉軍の動きを阻止します」と深く信玄に一礼すると、馬に乗って敵陣へ突撃し、壮絶な最期を遂げたといいます。

「山本勘助は実在しない」——これが史学界の常識だった!

ちなみに、いま述べた山本勘助の生涯が詳しく記された最古の書物は『甲陽軍鑑』です。これは江戸時代初期に成立した、武田信玄の活躍を記した軍記物語です。ですから、史料としての信頼性はそれほど高いといえません。

くわえて、戦国武将の書簡や当時の人びとの日記のなかには、山本勘助なる人物はいっさい登場しないのです。

そんなこともあって、江戸時代から「山本勘助は創作された人物である」という認識が存在しました。そのあたりのことは、上野晴郎氏がその著書『山本勘助』(新人物往来社)のなかで詳しく解説しています。

たとえば、元禄時代に記された松浦鎮信《まつらしげのぶ》の『武功雑記』には、「勘助の活躍を描いた『甲陽軍鑑』は関山派(京都妙心寺派)の僧侶が書いたもので、じつは彼は山本勘助の子供で、そこそこ学問があったので信玄関係の反故《ほご》などをもとに自分の親のことを飾り立てたのだ」と断言しています。この考え方は近代に入っても踏襲され、明治時代の田中義成博士、その弟子の渡辺世祐博士なども「山本勘助は伝説上の人物」といいきっています。

この認識は戦後になっても変化はなく、山本勘助が実在しないということは、驚くべきことに、史学界の常識だったのです。

山本菅助という伝令役の存在は証明されたが……

しかし、昭和四十四年に新たな古文書が発見されたことで、そうした認識が大きく変化します。

この年、北海道釧路市の市川良一氏が所有する文書が鑑定され、それが戦国時代に甲斐の武田信玄に属していた北信濃の武将・市河藤若へ宛てた書状だと判明したのです。

しかもそのうち一通に、「山本菅助」という名が記されていたのです。

これは弘治三年（一五五七）の書状だと推定され、手紙の末尾に「なお山本菅助口上有るべく候」とあります。つまり、詳しいことは山本菅助に聞いてくれという意味で、この人が伝令役をしていたことがわかります。「勘助」と「菅助」では文字が違うものの、ともに「カンスケ」と発音するのは間違いありません。しかも昔の人は、ふつうにあて字をつかいました。

いずれにせよ、武田信玄の部下に「ヤマモトカンスケ」という人物がいることが証明されたのです。ただ、伝令役として派遣されているので、武田信玄の側に仕える人物であったことは想定できるものの、重臣たちが連なる軍議に参加できたとはちょっと考えにくいし、ましてや軍師であったとは、とうてい思えないのです。

真田幸村に匹敵する活躍をした知られざる「戦国のヒーロー」

戦国武将のなかで、大坂の陣で活躍した真田幸村はきわめて人気の高い戦国武将です。しかし、そんな幸村とともに戦い、幸村に匹敵する活躍をしながら、あまり世に知られていない武将がいるのです。

それが、これから紹介する毛利勝永《かつなが》という人です。

きっとその名前を聞いても、戦国武将に詳しくなければ、ピンとこないでしょう。でも両者の差はたったひとつ、戦場で華々しく討ち死にしたか否かなのです。

やはり日本人は、忠義のために壮絶に死んだほうに軍配をあげるもののようです。

しかしながら、このまま埋もれさせておくには惜しい漢《おとこ》です。そこで私は、この本で毛利勝永の大坂夏の陣における働きについて詳しく述べ、将来は誰でも知っている戦国のヒーローにしたいと密かに考えています。

関ヶ原の戦いに敗れて土佐に流された元小倉城主の息子――毛利勝永

毛利勝永は、勝信の嫡男として天正六年（一五七八）に生まれました。父親の勝信ははじめ森姓を称していましたが、羽柴秀吉に仕えて急速に栄達し、姓を毛利とあらため、天正十五年（一五八七）に豊前国規短・高羽二郡あわせて六万石を秀吉から賜り、小倉城主となりました。

しかし、関ヶ原の戦いでは大友義統《よしむね》と結んで西軍方について、家康方の伏見城を攻撃したので、戦後は領国すべてを没収され、土佐の山内一豊《やまうちかずとよ》のもとにお預けの身となってしまいました。当時、二十三歳だった勝永も、西軍として関ヶ原の南宮山に陣をしいたため、父とともに土佐へ流されました。

ちなみに勝信は、高知城西の丸に屋敷を与えられ、一斎と号して悠々自適の生活を送り、慶長十六年（一六一一）に没しました。

いっぽうの勝永は、郭外の久万村に妻子と居住したといいます。

慶長十九年、方広寺《ほうこう》鐘銘《じしょうめい》事件をきっかけにして、徳川家と豊臣家の関係が悪化すると、大坂城の豊臣秀頼方から勝永のもとに盛んに「自軍に味方するように」という誘いがかかりました。

勝永は豊臣家の恩に報いるため、心のなかでは大坂城へ赴きたいと思っていましたが、妻子の行く末を思うと、この誘いに応じてよいものかどうか苦悩しました。

けれども、日ごとに参戦への思いは募るばかり、とうとうある夜、勝永は妻に「俺は関ヶ原で西軍に加担しておまえたちを困窮させてしまった。だから、自分の宿願をなかなか口にすることができない」と苦しい胸の内を語ったといいます。

夫の気持ちを察した妻は、「女は一度嫁したら夫とともに浮沈するのが定め。何を憂えることがありましょう。どうぞあなたの気持ちをお聞かせください」そう答えたので、勝永は次のように自分の気持ちを吐露しました。

「我家武名を以て天下に振ふ事六世也。然るに、此辺鄙《へんび》に謫せられて虚しく朽《くち》る事本意《ほい》に非ず。幸に今度東西に分れて干戈《かんか》起らんとす。我秀頼君に属して、汚名を雪《そそが》んと思ふ。然《しか》れども、我此地を遁《のが》れ出づば、定めて国元より妻子を捕へて禁錮《きんこ》すべし。是我憂《これわれうれ》ふる所也」(『明良洪範』)

勝永としては、武士の家に生まれながら自分の武勇を誇示しないまま田舎で朽ち果てるのは耐えられなかったのですね。

この心中を聞いた妻は「大丈夫たらん者が妻子の情にほだされて武名を汚すのは、真に恥ずべきことです。速やかに土佐を出て、家名を再興してください。あなたが討ち死にしたことを知ったなら、私も海に身を投げて死ぬつもりです。勝利の暁には、再度お顔を拝することもできましょう」と気丈に答えたので、ここに勝永の意思は定まったのです。

こうして参戦を決意した勝永は、土佐藩に「徳川方に属して武功をあげたい」と申し出、次男の鶴千代を人質に差し出して大坂へ向かいました。このおり嫡男の勝家も、密かに土佐を脱出して父と合流したといわれています。

ただ、勝永の妻と次男は、勝永父子が大坂城に入ったことが判明すると、ただちに捕縛されてしまいました。土佐藩主の山内忠義《ただよし》は、この経緯を江戸幕府に説明し、勝永妻子の処分について問い合わせました。すると意外にも徳川家康は、

「丈夫の志《こころざし》有者《あるもの》は皆斯《かく》の如し。彼（勝永）が妻子をば宥恕《ゆうじょ》し罪すべからす」（『明良洪範』）

と応えたといいます。そこで藩主忠義は、勝永の妻子を高知城に招いて厚遇したと伝えられます。

豊臣の恩に報いるため大坂城に入った勝永の獅子奮迅の武功

大坂城に入った毛利勝永は、豊臣秀頼に厚く信頼され、大将のひとりとして五千の兵を付与されました。

そんな勝永がすさまじい活躍を見せたのは、大坂夏の陣のときでした。

大坂城から東南二〇キロに道明寺と呼ぶ地区があります。慶長二十年（一六一五）五月五日夜、天王寺に陣をしいていた勝永は、密かに持ち場を離れ、後藤又兵衛が陣する平野において、又兵衛と真田幸村と会同しました。そして、道明寺においてこの三隊を合流させ、夜明け前に狭隘な国分付近まで進出し、幕府軍と雌雄を決することを確認し合ったのです。

しかしながら、濃霧のために勝永は約束の時間に遅れてしまいます。真田隊も同様でした。けれども、予定どおり到着した後藤又兵衛は両軍の到着を待たずに、なんと十倍を超える敵軍に突入して八時間戦いつづけたすえ全滅してしまったのです。

毛利勝永が又兵衛の戦死を知ったのは、藤井寺に至ったときでした。そこで同寺で真田隊の到着を待ち、両軍示し合わせて左右から同時に進軍していきました。けれどもまもなく、大坂城よりの伝令で八尾・若江方面で味方が敗北したことを知ったので、両軍は余儀なく撤退しました。このおり、毛利隊は見事な殿《しんがり》をつとめたといわれています。

五月七日、大坂城を囲んだ徳川軍がいよいよ総攻撃を開始しました。

戦いの火蓋《ひぶた》は、本多忠朝《ただとも》隊が毛利勝永隊に攻めこんだことで切って落とされたといいます。忠朝は、徳川四天王と呼ばれた忠勝の次男でしたが、大坂冬の陣で攻口の変更を願い出て家康の叱責を受けていました。

そこで今回は、家康の信頼を取り戻そうと、天王寺周辺に陣をしく毛利隊へ突撃を敢行し、武功をあげようとしたのです。

このとき勝永は、冷静に敵軍の動きを観察し、すぐさま隊を左右に分け、本多隊を挟撃したといいます。毛利隊に囲まれた忠朝は、自ら槍をふるって奮戦しましたが、全身に手傷を負い、ついに落馬して首をもがれてしまいました。

この勢いに乗じた毛利隊は、次に信濃国松本城主・小笠原秀政隊へ攻めこみ、秀政・忠脩父子を討つという見事な武功をあげました。さらに勝永は、部下に秋田実季隊への攻撃を命じました。

この日の勝永は、銀の輪貫の前立ての兜をかぶり、秀頼に賜った錦の陣羽織を身につけ、馬上で見事な采配をふるっていたと伝えられます。

その鮮やかな指揮ぶりは非常に際立っており、後方にいた敵将の黒田長政は、「あの大将は誰であろう」と側にいた加藤嘉明《よしあき》に尋ねたといいます。

これに対して嘉明は、「貴殿はご存知なきか。彼こそは毛利勝信が嫡男、豊前守勝永ぞ」と応えました。

すると長政は「ついこの前まで子供であった勝永が……。さてもさても」と感嘆の声を漏らしたといいます。

きっと長政が会った勝永は、関ヶ原合戦前のあどけない若者だったのでしょう。

いずれにせよ、大坂夏の陣における勝永の戦いぶりは、このように敵味方の耳目《じもく》を驚かせたのです。

浪人としての生を捨て、戦国最後の合戦で一花咲かせて見事に散った漢《おとこ》

こうして勢いに乗った毛利隊は、ついに家康が本陣をかまえる茶臼山まで到達したのです。けれども、わずかに真田幸村の隊に遅れたようで、真田隊のために家康の旗本はすでに壊乱し、家康も本陣から逃げ去ったあとでした。

家康は旗本から置き去りにされ、真田隊に周囲を囲まれて一時死も覚悟しましたが、援軍の到来により九死に一生を得ました。いっぽう真田幸村ですが、多勢に無勢ゆえ次第に味方が討たれはじめ、とうとう幸村自身も討ち死にしてしまいました。ここにおいて毛利隊は孤立し、ついには徳川の兵が雲霞《うんか》のごとく襲ってくるようになったのです。

このとき勝永は幸村とは異なり、この場で死ぬことを無益と考え、敵を巧みに防ぎつつ、撤退途中で藤堂高虎隊を撃破するなどして、最後まで勇猛ぶりを発揮しながら、大和橋口から大坂城へと戻ったのでした。

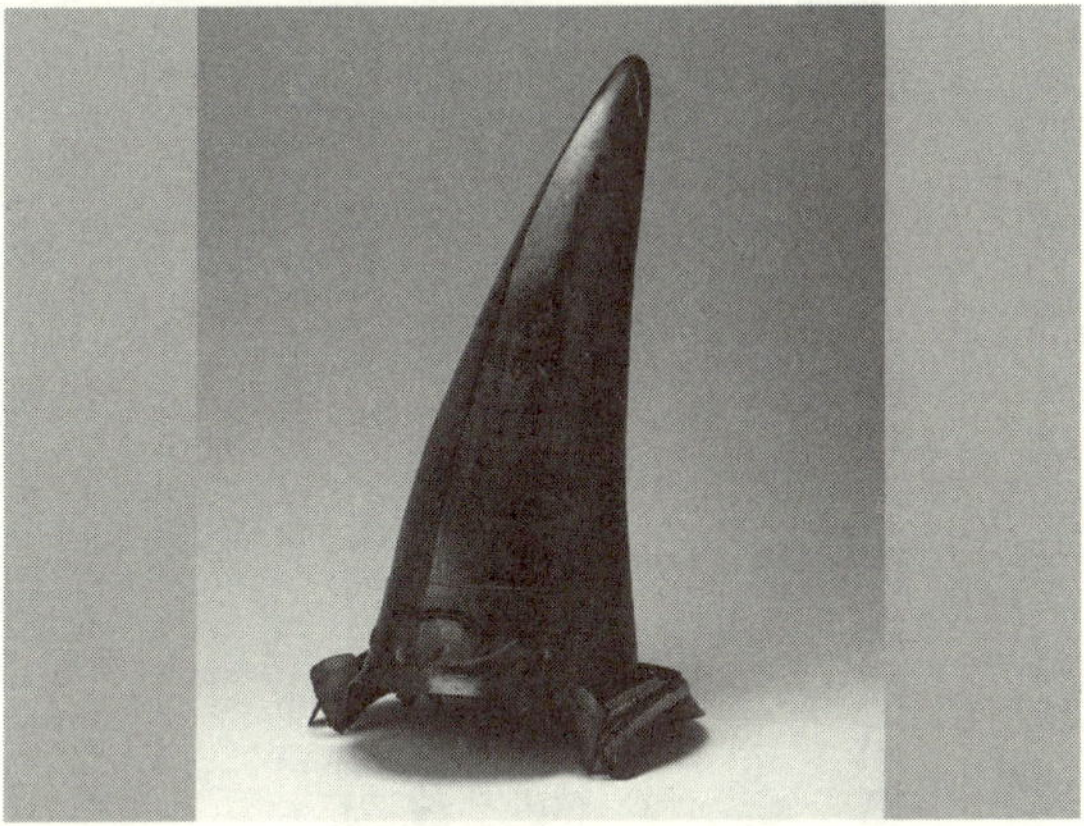

勝永が戦で身につけた「白糸威水牛兜」（土佐山内家宝物資料館）

まさにその活躍は、豊臣軍随一といってよいでしょう。

やがて徳川軍は、撤収する豊臣軍を追撃してそのまま三の丸に乱入しました。

このおり、内通者が大坂城三の丸の厨房に放火、この火が二の丸、本丸に燃え移っていきました。このため豊臣秀頼は実母の淀殿とともに、本丸の天守閣から山里郭へ避難しました。

毛利勝永はこのとき、秀頼母子に付き従っていたといいます。

豊臣方は家康に対し、家康の孫娘で秀頼の正妻であった千姫を返還して、秀頼母子の助命嘆願をおこないました。

しかし、その願いが聞き入れられることはありませんでした。

かくして翌八日正午より山里郭へ向けて徳川軍の一斉射撃が開始されました。ここにおいて秀頼母子は、やむなく自らの命を絶ったのです。このおり、秀頼の首を落としたのは、毛利勝永であったと伝えられています。そしてその直後、勝永自身も秀頼に殉じたといいます。さらに勝永の子・勝家も切腹して果てました。まだ十六歳の若者でした。

後日、夫の壮絶な死に様を伝え聞いた勝永の妻は、約束どおり夫のあとを追って自害したといいます。また、家康は男系を生かしておいてはためにならないと考えたのでしょう、むごいことに十歳の鶴千代（勝永の次男）を京都に護送し、その首を刎ねています。

いずれにせよ、毛利勝永は、家族という大きな犠牲を払いながらも、浪人として土佐の地に朽ちることを嫌い、戦国最後の合戦で一花咲かせて見事に散っていったのです。

きっと、この人を大河ドラマの主人公にしたら、たいへん人気が出ると思うのですが、いかがでしょうか。

外様大名の藤堂高虎が家康に最も信頼された究極の処世術とは？

藤堂高虎が徳川家康と会ったのは、天正十四年（一五八六）のことだったと思われます。

豊臣秀吉にずっと臣従を拒んできた徳川家康がこの年についに上洛し、秀吉に膝を屈したのです。

このとき高虎は主君秀吉の命令により、家康の京都屋敷の建設を担当しました。当初、屋敷は公家《くげ》風にする予定でしたが、高虎は家康の好みを考慮し、自費を投じて武家風の要害を築造したといいます。家康はこれを知ってたいへん喜び、高虎に名刀を贈呈したと伝えられています。

これ以後、高虎は秀吉の直臣でありながら、家康と親交を重ねていきました。

家康の人柄に惚れたこともあったでしょうが、高虎は生涯に八度も主人を替えて成り上がった男です、きっと次の天下人は家康に違いないと確信し、彼に近づいていったものと思われます。

家康暗殺情報を得て、身をもって家康を守ろうとした高虎

慶長三年（一五九八）、豊臣秀吉が没すると、家康は豊臣政権の五大老の立場にありながら、勝手に他大名と姻戚関係を結んだり、論功行賞をおこなったりと、驕慢な振る舞いをはじめます。

こうした行為によって政権内に反家康派をつくりだし、彼らを倒すことで完全に政権を

掌握しようと企んでいたようです。

そんな状況のなか、高虎はいち早く弟の正高を家康に人質として差し出し、家康の天下取りのために積極的に行動していきます。

しかし、こうした家康の横暴に五奉行の石田三成らが強く反発し、ついに家康の暗殺を計画したのです。

慶長四年三月、家康は五大老の前田利家の屋敷を訪ねようとしますが、このとき高虎は路上で家康一行を待ち受け、暗殺情報を本人に告げ、家康を別の女性用の駕籠に乗せ、自分が身代わりとなって家康の輿《こし》に乗りこんだのです。

これに感激した家康は、高虎に下総国で三千石を賜ったといいます。幸い、暗殺計画は実行されませんでした。

高虎がいなければ家康は天下分け目の関ヶ原に参陣できなかった

翌年五月、家康は会津の上杉景勝に謀叛の疑いがあるとして、五万六千の大軍を引き連れて大坂を発ちました。自分が大坂を留守にしているあいだに、石田三成ら反家康派が挙兵することを家康は期待していました。

高虎も家康に従って会津へ向かいましたが、同年七月、予想どおり石田三成らが挙兵し

命を賭して家康のために戦った藤堂高虎

ました。

けれども、計算外だったのは、石田方（西軍）の軍勢が家康の引き連れている兵（東軍）を上回る数だったことです。結局、福島正則や山内一豊が「徳川に味方する」と発言してくれたことで、家康に従っていた諸将（東軍）は西軍を倒すべく引き返しましたが、このとき高虎は家康に対し、「諸大名の向背がまだ不明なので、私が連絡するまで江戸に滞留して出陣を待っていただきたい」と述べ、息子の高吉を家康に差し出し、東軍先鋒の一員として西へ向かいました。

ところで、関ヶ原合戦での藤堂高虎の最大の功績は、徳川家康を天下分け目の合戦に参加させたことだといえます。

信じがたいことですが、もし高虎がいなけ

れば、家康は東西両軍の決戦の場に参陣できなかったのです。

というのは東軍の先鋒軍は、すさまじい勢いで進撃し、西軍の拠点である岐阜城をたちまち陥落させ、そのまま西軍の主力と激突しようとしたのです。高虎はただちに急使を派遣して江戸にいる家康の出馬を促すとともに、

「勢《いきおい》に乗じ、直《ただ》ちに大垣（城）を抜き、長駆《ちょうく》して京に入らん」

と進軍をとなえる黒田長政ら東軍諸将に対し、

「内府（家康）の至るを待たん」（『名将言行録』）

と強く引き止めたといいます。しかしながら諸将は、

「岐阜（城）既に潰《つい》え、敵膽を落せり、此勢失ふべからず」

と猛反発します。けれども高虎は、

「軍機誠に然り、然れども我等独《ひと》り追て西上し、大軍の後継もなく、敵其前を遮《さえぎ》り、又其後を擁せば、則ち進退必ず危うし」（『前掲書』）

と後詰《ごづめ》なくして進撃すれば敵に挟撃されてしまうと警告し、

「もし自分たちが負けたら家康がのちに出馬しても無駄になる」

と話し、

「威を取り覇《は》を定むるの時なれば、宜《よろし》く斯《かく》の如く為すべからず」（『前掲書』）

そう説得したため、ついに諸将も高虎の言に従い、家康も決戦に間に合ったのです。

命を捨てて家康のために戦い、三十二万石の大大名となった高虎

高虎はまた、西軍に対する離間工作でも大きな功績を残しています。近江出身のコネを活かし、西軍についた脇坂安治、小川祐忠、朽木元綱に内応を約束させたのです。

藤堂軍は、九月十五日の関ヶ原合戦では、左翼の第二陣として名将大谷吉継《よしつぐ》を相手にしました。このおり藤堂玄蕃《げんば》、渡辺市左衛門、七里勘右衛門など重臣たちが討ち死にする激戦を展開しましたが、西軍の小早川秀秋が裏切ったことで、内応を約束していた脇坂・小川・朽木の三大名も大谷軍へ攻めかかったので、藤堂軍は勢いを盛り返して大谷軍を瓦解させ、さらに石田三成軍へ攻め入ったといわれています。

戦後の論功行賞で、高虎は伊予板島八万石から伊予今治《いまばり》二十二万九百五十石の大名に成り上がりました。

さらに家康の信頼を得て、江戸城の修築をはじめ、丹波篠山城、丹波亀山城などを普請、大坂の豊臣氏対策に積極的に協力していきました。

慶長十三年、高虎は伊賀一国と伊勢国の一部に国替えとなりました。これは豊臣氏への包囲網の一環だったといわれ、慶長十六年より高虎は上野城の大改修をおこなっています。

上野城は、本丸をあえて西に移し、南側を大手（正面）とするなど、大坂城の豊臣方を強く意識してつくられています。ですから石垣も井楼積と称する石積法を駆使して、三〇メートルというとてつもない高さに積み上げています。大坂の役のおり、万が一、徳川軍の敗色が強くなるようなら、家康はこの上野城に逃げこんで態勢を立て直すつもりだったといいます。それほどまでに高虎は、家康の信頼を勝ち得ていたのです。

さらに高虎は、津城を大改修して居城としました。ただし、天守閣はつくらずに、本丸の東北と西北に三重の櫓をつくりました。現在、この二つの櫓は復元されています。高虎は、伊勢街道を曲げて城下へ通すなど、城下町の繁栄に努力をはらったので、「伊勢は津でもつ、津は伊勢でもつ」とうたわれるほど城下町は発展し栄えました。

ところで、大阪府八尾市に常光寺と称する寺院があります。この周辺一帯は、大坂夏の陣のおり、たいへんな激戦地となりましたが、ここで戦ったのが藤堂高虎でした。このとき高虎は、大坂城方の猛攻撃で藤堂高刑、藤堂氏勝、藤堂良勝、藤堂良重といった一族・重臣を六人も失っています。

けれども、壊滅的打撃をこうむりながらも、高虎はこれをしのいで敵を駆逐しました。この戦いで藤堂軍は敵の首を四百以上とりましたが、その首を実検したのが常光寺の方丈だったといわれています。いまでも常光寺には、首実検したさいの縁側が残っています。

縁側には血糊がべったりついてしまったので、寺の住職はその廊下を天井板にして手厚く供養しています。また、討ち死にした重臣をはじめとする高虎の家臣七十一人の墓と位牌も同寺にあります。墓はいずれも五輪塔で、その群れは見事といえます。

家康は「徳川に謀反をたくらむ者があれば、おまえに先鋒《せんぽう》を申しつける」と高虎にいったといいますが、単に家康にゴマスリするだけでなく、命を捨てて戦ったからこそ、高虎は家康の信頼を勝ちとったわけです。

高虎はその後も秀忠、家光など徳川歴代将軍に忠実に仕え、最終的に三十二万石の大大名となり、七十五歳の天寿を全うしました。

家康十三回忌に高虎の下屋敷地・上野の山に東照宮を造営

ところでみなさんは、日光だけでなく東京上野にも東照宮があるのをご存知ですか。

じつはこれ、藤堂高虎が創建したのがはじまりなのです。

元和二年（一六一六）二月四日、家康の死が近づいたさい、お見舞いのために駿府を訪れた藤堂高虎は、家康から「もうおまえと会えなくなるな」といわれたそうです。これに対して高虎が「すぐにあの世でお目にかかります」というと、「おまえとは宗派が違うのでそれは無理だ」とこたえました。すると高虎は、その場にいた天海僧正に頼みこみ、彼を導師として家康と同じ浄土宗に改宗したといいます。

さらにこのおり、家康から「魂が末永くお前達と一緒にとどまる場所をつくってくれ」と依頼されています。そこで高虎は、寛永四年（一六二七）、家康十三回忌のおり、自分の下屋敷地であった上野の山に東照宮を造営したのです。ただ、当初建てられた建造物は、残念ながら将軍家光が慶安四年（一六五一）に新たに建て替えてしまって現存していません。ただ、宮内に五十基ほどかたまっている青銅灯籠のひとつに寛永四年の銘があり、これが高虎の寄進した灯籠だといわれ、彼をしのばせる唯一の遺構になっています。

ところで高虎の墓所も、じつはそのすぐ側にあるのです。上野動物公園の正門脇です。ここは藤堂家の下屋敷跡で、まさか高虎自身も自分の墓所がのちに動物園になるとは思っていなかったでしょう。ちなみに、上野動物園は、明治十五年（一八八二）に開園した日本でいちばん古い動物園だそうです。

信長の傅役《もりやく》・平手政秀の自殺、じつは「諫死《かんし》」ではなかった！

戦国大名の子供たちには、傅役がつけられます。簡単にいえば、養育兼教育係といえるでしょう。ふつう重臣が担当します。織田信長にも傅役として平手政秀、青山与三右衛門、内藤勝介らがつけられました。なかでもその中心となって信長を教育したのは、平手政秀だったといわれています。

しかしながら、若き日の信長は、「大うつけ」と馬鹿にされるような言動を見せ、政秀の諫言にも耳を貸さず、いっこうに素行も改まりませんでした。

そんな天文二十二年（一五五三）閏《うるう》正月十三日、平手政秀は自殺しました。

政秀は、信長をこのような「うつけ者」にしてしまったことを悔やみ、信長の将来を悲観して自殺をとげたと『信長公記』には明記してあります。この史料は、信長に仕えた太田牛一が書いた伝記で、かなり信憑性が高いといわれています。

ところが江戸時代になりますと、政秀は信長の素行を改めさせるために訓戒の遺書をしたためて諫死したというような話に変わってくるんです。

映画やテレビドラマでも、この説を用いることが少なくありません。そんなことで、みなさんのなかにもきっと諫死説を信じている人があるでしょう。

しかし、『信長公記』の記事のなかに、平手五郎右衛門と信長の関係が悪化したエピソードが出てくるのですが、「じつは、これが政秀の自殺の原因ではなかったか」ととなえる学者もいるのです。

政秀の自死の裏に、政秀の嫡男と信長とのトラブル

平手五郎右衛門は、政秀の嫡男です。彼は名馬を所有していたのですが、これに目をつけた信長が、五郎右衛門に「俺にくれ」とねだります。

ところが五郎右衛門は、「自分は武将であるから、馬をお渡しすることはできない」と拒絶したのです。このため、信長と五郎右衛門のあいだは険悪になったといいます。

そこで父親の政秀は、傅役である自分の息子に対し、このような無理難題をふっかけた主君・信長を恨み、腹いせに自害して果てたのだという説があるのです。

これだと諫死どころか、嫌がらせで死んだことになりますね。

ちなみに元國學院大学教授の二木謙一氏は、その著書『神になろうとした男 織田信長の秘密』（ワニ文庫）のなかで「嫡男五郎右衛門が信長に対してとった無礼と、そのために信長を怒らせてしまったという事実は、家臣として弁解の余地はない。織田家と信長への忠誠のみに生きてきた政秀にとっては、何とも耐えられない苦しみとなったであろう。ここにいたって政秀は死をもって、信長にわが心のすべてを訴える道を選んだものと思うのである」と主張しています。つまり、息子の無礼に対して父親の政秀が責任をとったというのです。

信長が政秀を弔うために建立した政秀寺

じつは私も、どちらかというと二木氏の説に賛成です。

ただ、私は平手家を守るのが真の目的だったと思うのです。信長という人は、憎いと思えば平然と親族や家臣を殺す男です。ですから、自分が死ぬことによって信長の怒りを解くと同時に、我が子・五郎右衛門に対しても、信長に逆らうことの恐ろしさを自分の死をもって知らしめたのではないかと考えています。

ちなみに、信長はその後も五郎右衛門を家臣として重用しているので、この騒動は政秀の死により落着したようです。

なお、信長も自分の行動を反省したのでしょうか、のちに平手政秀の名をとった政秀《せいしゅう》寺《じ》という一寺を創立して、彼の菩提を弔っているのです。

三大悪を成した世にも稀なる悪党・松永弾正《だんじょう》久秀の壮絶人生

あるとき、織田信長が徳川家康と対面したさい、ひとりの老将を陪席させました。それが、松永久秀でした。このおり信長は、次のように久秀のことを紹介しています。

「この老人が、かの有名な松永弾正である。彼は人の成しえないことを三つやった。将軍義輝《よしてる》を殺害したこと、主家の三好氏を滅ぼしたこと、そして東大寺の大仏殿を焼打ちしたことだ。普通の人間なら、ひとつとして遂げられぬ大業ぞ」

なんともひどい紹介の仕方もあったものです。

これを耳にした久秀は、頭から湯気が立ちのぼるほど恥じ入ったといいますが、信長の言葉の裏には、多分に久秀に対する憧憬の念が含まれていたように思えます。

主君の三好長慶、その一人息子、実弟を殺害したと噂される戦国の梟雄《きょうゆう》

さて、信長の紹介にあったように、戦国時代の梟雄といわれている松永久秀ですが、その前半生は完全に闇に包まれているのです。阿波国の農民出身だとか近江の商人だった、

さらには京都西岡の賤民だったなど、諸説紛々して素性さえ定かでなく、三好氏に臣従した時期もはっきりしません。

松永久秀という名前が世間に知られるようになったのは、畿内を制圧した三好長慶のもとで京都所司代を務めていたころからだったようです。

永禄六年（一五六三）八月二十五日、長慶の一人息子、義興《よしおき》が頓死《とんし》しました。このとき「久秀が毒殺したのだ」という風説が巷《ちまた》に流れます。

それから数カ月も経たずに、今度は安宅冬泰が長慶に斬り殺されました。冬泰は長慶の実弟でした。この事件も、

「冬泰殿に謀反の疑いがあります」

と訴えた久秀の讒言《ざんげん》によるものだといわれました。

いずれにせよ、三好長慶は息子を亡くしたショックからにわかに惚《ほう》けてしまい、翌年、失意のうちに四十三歳の生涯を閉じました。

これとても、庶人は久秀が暗殺したのだろうと噂しあったといいます。はたしてすべてが久秀の仕業だったかは確かめるすべもありませんが、彼のふだんの行動から照らして疑われても仕方のない立場にあったのでしょう。

たとえば久秀は、年貢を納めぬ農民の身体に藁《わら》を巻きつけて火を放ち、もがき苦しむ様

を見て「蓑《みの》踊り」だと喜んで参観したり、手当たりしだいに女性に手をつけ、美人であれば、それがたとえ他人の女房だろうとかまわず奪い取りました。

また、いつも数名の美女を連れ歩き、気分が高まればその場に蚊帳《かや》を巡らし、性行為を始めるといった、異常ともいえる性癖をもっていました。しかも、性交の最中でも何か用事を思いつくと、蚊帳から顔だけ出して家臣に命令をくだしたといいます。

そのうえ、非常な吝嗇家《りんしょくか》でした。串柿の串さえも捨てずにとっておいて、のちに城壁に下地として塗りこめて使ったという伝承が残っています。

ようするに、普通ではないのです。

畿内の覇者となった久秀は、室町幕府の将軍義輝をも殺害

主君長慶の死後、松永久秀は畿内の覇者となりました。

まだ京都には室町幕府は存在しましたが、しばしば諸大名の圧迫を受け、将軍は各地を転々とするほど衰退してしまっていました。

それに、当時の将軍（十三代）義輝はまだ十代の少年でした。

そんなこともあり、久秀も幕府の存在など気にもとめませんでした。

けれども、義輝は長ずるにしたがい卓越した政略家となり、諸国の戦国大名をたくみに操作しながら、しだいに幕府の勢力をのばしていったのです。

さすがの久秀にも、このまま捨ててはおけない目障りな人間になっていきました。

しかも、永禄二年（一五五九）には将軍義輝の要請で、越後の虎と恐れられた、あの長尾景虎（上杉謙信）が五千の大軍を率いて上洛してきたのです。

これによって、いつ久秀自身が上杉軍に襲撃されてもおかしくない状況が現出したのです。

これに大きな危機感を覚えた久秀は、

「邪魔な将軍義輝を抹殺してしまおう」

と短絡的に考えました。

力がないといっても、室町幕府の将軍といえば、武家の棟梁《とうりよう》です。神様とはいわないまでも、崇敬するのが武士としては常識でした。そんな将軍を殺害するという畏れ多い行為を、まったく躊躇せずに決行したことで、久秀という人物の悪人ぶりがよくわかるというものですね。

五月十六日は清水寺の縁日でした。「それできっと人が増えたのだろう」

将軍義輝はその程度に考え、にわかに人が増えたことをさして疑問に思わなかったようです。しかし、それは久秀の罠でした。じつは参詣客に見えたのは、久秀が密かに送りこんだ兵たちだったのです。

永禄八年（一五六五）五月十九日深夜、数人が訴状をかかげて二条館（義輝の屋敷）の門を叩きました。てっきり直訴だと信じて屋敷の者が門を開くと、どっと兵が雪崩れこんだのです。

すでに館の周辺は、大軍に囲まれてしまっていました。

これにより、勝負は瞬時につくはずでした。

ところが、将軍義輝が信じられないほどのすさまじい抵抗を見せたのです。

義輝は剣豪である上泉伊勢守の直弟子で、塚原卜伝《ぼくでん》からも免許を受けた剣の達人でした。

そのため、彼に近づく者はことごとく刃の餌食となって骸《むくろ》と化していきました。

そこで仕方なく寄せ手は、義輝のわずかな隙を見て長槍で足を払い、彼が倒れたところに上から襖や障子を倒しかけ、いっせいに槍で突き殺したといわれています。享年は三十歳でした。


同盟を結んでいた三好三人衆との抗争で東大寺大仏殿を焼打ち

これで邪魔者を取り除いた久秀でしたが、今度は同盟を結んでいた三好三人衆と対立関係におちいり、彼らとの抗争はだんだんと泥沼の様相を呈していきました。

あるとき、三好軍は奈良の東大寺に陣をしきました。

ここならさすがの久秀も神罰を恐れて攻めてはこないだろうと考えたのかもしれません。ところが、です。なんと久秀は平然と駒を進めたのです。これに慌てた三好軍は混乱のなか、失火によって東大寺大仏殿を焼いてしまいました。

巷説のように、久秀が自ら大仏殿に直接火を放ったわけではないけれど、その責任の一端は間違いなく久秀にもあったといえるでしょう。なお、このとき大仏の首は焼けただれ、コロリと地面に落ちたといいます。

「種々の大罪人多けれど……武士においてその例なし」とされた久秀の最期は？

このように三大悪を成した久秀でしたが、その天下は長くは続きませんでした。

義輝の弟の足利義昭が織田信長に奉じられ入京してきたからです。

こうして十五代将軍となった義昭は、信長に対して兄の敵である久秀を倒してほしいと強く依頼しましたが、信長は久秀を罰するどころか臣下に加え、その領地も安堵してやったのです。

これは、信長上洛の噂を嗅ぎつけた久秀が、誰よりも早く服属を申し出たためです。事前に臣従を申し出てきた大名を討つ大義名分はないし、上洛以前に畿内の実力者である久秀を敵にまわすのは得策でないと信長は判断したのでしょうね。

つまり、抜け目のない変わり身の早さが、久秀の命を救ったといえるでしょう。

しかしながら、そんな抜け目なさがやがて、自身を滅ぼす結果に繋がってゆくのです。

元亀年間に入ると、信長は苦境におちいっていきます。

将軍義昭が信長と対立するようになり、彼が音頭をとって近江の浅井氏、越前の朝倉氏、本願寺顕如、比叡山衆徒らを結びつけて信長包囲網をつくりあげ、甲斐の武田信玄に織田討伐を求めたからです。

この要請に応じて上洛を開始した信玄は、破竹の勢いで進撃しつつありました。

ここにおいて久秀は、もう信長に未来はないと確信したのでしょう、いちはやく織田政権に叛旗を翻したのです。

ところが、期待していた信玄が上洛の途中で死んでしまい、武田軍は甲斐へ引き返してしまいます。

これによって元気を取り戻した信長によって、その包囲網はズタズタに引き裂かれ、とうとう孤立した久秀も信長に降伏しました。

このとき、短気な信長にしては珍しく、久秀は処刑されませんでした。信長包囲網が崩れたとはいえ、まだ不安定な状況だったということもあるかもしれません。

松永久秀が壮絶な最期を遂げた信貴山

久秀もこれで止めておけばよかったものを、越後の上杉謙信が信長を圧迫しはじめると、懲りずにまたも信貴山城に籠もって謀反を起こしたのです。

しかし織田の大軍に攻められ、結局は切腹して果てることになりました。

ただ、そのときの松永久秀の死に様がいいのです。

なんと、自害するにおよんで自分の頭頂部にお灸を据えたのです。

不思議に思った家臣がその理由を尋ねますと、

「俺は常々健康のために灸を据えてきた。もし死に際して中風などの発作を起こし、腹切りに失敗したら笑い者になるではないか」

と答えたといいます。

そして、信長が喉から手が出るほど欲しがっていた平蜘蛛《ひらぐも》（茶釜）を粉々に砕いて溜飲を下げたあと、周囲に火薬を撒き散らし、腹を割いたのち点火して爆死したのです。なんとも壮絶な最期といえるでしょう。

「松永、始終の行跡はさながら狂人のごとくにして、更に本心とも覚えず、人皇の初めより此のかた、種々大罪人多けれども、かかる不覚悟の曲者《くせもの》、武士においてその例なし」（『織田軍記』）

と評された松永弾正久秀も、ここについに息絶えたのです。

汚い手を使って大大名に立身した戦国の梟雄・宇喜多直家《うきたなおいえ》

宇喜多直家を知っている人は、とても戦国武将に詳しい人だと思います。

また、名前ぐらいは知っていても、その生涯を知る人は少ないでしょう。でも、彼は松永久秀と並んで、戦国の梟雄とされていて、その生涯もきわめてエキセントリックなんです。ぜひみなさんに紹介したいので、じっくり読んでみてください。

こうして宇喜多氏の威勢はますます増大し、主家浦上氏をしのぐほどになりました。

毛利元就軍の先鋒を暗殺するも、卑劣な策が怒りを買い、最大の危機を招来

永禄九年（一五六六）、安芸国の毛利元就は、出雲の尼子氏を滅ぼし、周防・長門・備後・備中・石見・出雲国を支配する絶大な勢力に膨張。ついに同年、備前国へも触手を伸ばし、備中成羽城主・三村家親を先鋒として差し向けてきました。しかし不思議なことに、三村軍は進軍の途中で、急に来た道を引き返しはじめたのです。なんと、大将の家親が暗殺されてしまったのです。もちろん、刺客を放ったのは直家でした。

直家は、遠藤又次郎・喜三郎という浪人者の兄弟を、家親と顔見知りだということで刺客に選び、もし失敗しても彼らの妻子の生活を保証すると約束、成功した暁には褒賞を望むままに与えると確約しました。

実際に遠藤兄弟は一千石という破格の大禄を下賜されたうえ、のちに又次郎のほうは四千五百石を給される重臣となっています。

たとえ浪人者でも忠勤した逸材には惜し気もなく大封を与える、そんな手法はどこか織田信長と通ずる近世的な匂いがします。

けれども、暗殺という卑劣なやり口が三村一族の怒りをかう結果となり、直家は最大の

危機を招来してしまうのです。

翌年春、復讐に燃える三村氏は毛利氏の援軍を得て、二万の大軍を率いて三方向から宇喜多領内に乱入、各支城を撃破しながら沼城へ来襲する動きを見せました。

これに対し宇喜多軍は総勢五千、敵勢のわずか四分の一でした。

このとき、直家は賭けに出ます。

総員に出陣を命じ、奪われた支城・明禅寺城を奪回すべく陣頭に立ち、単騎で急坂を駆け上がりはじめたのです。

謀略ばかりを用いている陰湿な人物とは思えぬ、颯爽たる勇姿でした。この主君の行動に宇喜多軍は奮い立ち、一丸となって直家に続き、たちまちにして城を占拠しました。

明禅寺城を得たことにより、敵軍の動きが一望できるようになりました。わずかですが勝機が見えてきたのです。直家は荘元祐を将とする三村軍右翼に的を定め、城上から将士に突撃を命じ、先頭をきって敵陣に躍りこんでいきました。このすさまじい勢いを前に三村軍は支えきれずに崩壊、混乱のなかで荘元祐は討ち死にしてしまいました。

仲間の敗走を知った石川久智率いる三村軍左翼は、三村元親の本隊に合流するか、あるいは旭川対岸まで退き、敵が渡河してくるところを逆襲するかで意見が割れ、軍評定を開いているうちに宇喜多軍に陣地を急襲されました。

なんと宇喜多軍は休息もとらず、余勢をかって左翼にまで突入してきたのです。まさかの来襲に左翼軍は動揺し、四散しながら撤収しました。

いっぽう、本隊の三村元親軍は、直家が出陣している隙に、留守の沼城を奪取すべく兵を進めていましたが、明禅寺城の落城と荘元祐の敗死を聞き、踵《きびす》を返して宇喜多軍へ向かっていきました。

直家は荘元祐を討ち石川久智を蹴散らしたあと、小丸山と称する高台に本陣を構えていましたが、三村軍本隊が現われると決戦の覚悟をかため、部下を引き連れ坂道を駆け降りました。こうして両軍のあいだで壮絶な白兵戦が展開されます。

元親率いる三村氏の旗本は手ごわく、一時直家は危機に瀕《ひん》しますが、旗本隊が突出して深入りしすぎたところを、宇喜多の後備が横合いから突いたので、これがきっかけとなって三村軍は崩れはじめ、ついに総撤退となったのです。

まさに奇跡ともいえる宇喜多軍の完勝でした。

毒殺、狙撃、騙し討ちで備前・備中・美作《みまさか》三国の太守に

この勝利で自信を得た直家は以後、浦上家を無視して独自の動きを開始し、永禄十一年には西備前を支配していた娘婿・松田元輝を狙撃して金川城を奪い、次いで備中・美作国

へと勢力を拡張し戦国大名化していったのです。

元亀元年（一五七〇）、家臣の金光宗高を内通の疑いで切腹させた直家は、宗高の岡山城を接収して大改修をおこない、天正元年（一五七三）に同城に移りました。

経済に通じていた直家は、家臣や商人・職人に城下集住を命じ、わざわざ山陽道を迂回させて岡山城近辺を通過させ、城下町の繁栄を図っています。

天正二年、宇喜多氏は毛利氏と和睦を結ぶことに成功、以後、後慮の憂いなく備中・美作国の攻略に専心することができるようになりました。

三ツ星城主・後藤勝基は、美作半国を領有する大名です。直家は彼を滅ぼす手段として、またも不埒《ふらち》な方法を選びます。後藤は国境寺の熱心な檀家でした。これを知った直家は国境寺に莫大な喜捨《きしゃ》をし、同寺の住職を丸めこんで後藤との仲介の労をとらせ、巧みな話術で後藤を籠絡し、隙をみて毒殺したのです。

毒殺、狙撃、騙し討ち、まことに直家のやり方は卑怯でした。しかし、考えようによっては、この手段が最も犠牲が少なく成果が大きいわけで、この男の倫理観の欠如が、はからずも戦国大名に成長させることになったといえるのではないでしょうか。

ただ、そんな直家でも、衰微した主家・浦上宗景を滅ぼすことはしませんでした。ところが宗景のほうが、新興の織田信長と結んで宇喜多氏を討伐しようと図ったのです。

直家が大改修をおこなった岡山城(毎日新聞社)

情報を耳にした直家は、ついに叛旗をひるがえす決意をし、落魄していた浦上氏の宗家筋にあたる久松丸という少年を播磨国から連れてきます。久松丸の父を清宗といい、かつて宗景に暗殺されていました。つまりこれで直家は、浦上宗家(久松丸)のため宗景を討つという名目を得、逆賊の汚名を着ないですむわけです。こうして天正五年、宗景の天神山城を落とし、宇喜多直家は名実ともに備前一国を平定し、備前・備中・美作三国の太守となったのです。

しかし、すでに西には毛利、東に織田という強大な勢力が迫っており、しばらくは両者のあいだで如才なく立ち回った直家でしたが、いずれかに臣属せねばならぬ状況を迎えます。

天正七年、直家は毛利氏を見限り、息子・

秀家を人質に差し出して織田信長に臣属しました。

それからの宇喜多勢は、毛利の猛攻にさらされる苦難の日々によく耐えました。そして天正十年、毛利氏が織田氏（羽柴秀吉）に降伏、宇喜多領内に平和が訪れました。けれどもこのとき、直家はこの世の人ではありませんでした。防戦の疲労からか、梅毒が悪化し前年に没していたのです。つまり、宇喜多家の安泰を知らずに死んだのです。

直家の死については、こんな話が残っています。

直家が危篤におちいったさい、直家は近臣たちに殉死の有無を尋ねました。家臣らは主君の面前で拒むこともできぬゆえ、仕方なくお伴を約束すると、直家はその証しだといって全員に盃を与え、殉死予定者の名をすべて札に記入させ、それを棺に納めるよう指示したといいます。

死に臨んでさえもまだ、猜疑心から解放されなかったのです。人を騙し、裏切りつづけて大きくなった悪党は、最後の最後まで人間を信用できず死んでいったわけです。なんとも哀れな気がします。

ちなみに直家の死後、殉死した宇喜多家重臣の記録はいまに伝わっていません。

三男なのに織田家を嗣《つ》いだ信長だが、その兄弟や息子たちは？

織田信長は「うつけ者」だったが、長男なので織田家を嗣いだと思っている人がいると思いますが、それは違います。

信長は長男ではありません。三男です。信長には信広という長兄、さらに名前はわかりませんが、安房守という受領名《ずりょうめい》を持っていた次兄がいたのです。

ですから信長は、「吉法師《きっぽうし》」という幼名から元服して名を改めるとき、「三郎信長」と変えています。ちなみに「三郎」は通称、「信長」は諱《いみな》（実名）になります。当時の風習として、他人の名前を呼ぶときには通称で呼ぶのが普通ですので、信長はみんなから「三郎」と呼ばれていたはずです。それは「上総介《かずさのすけ》」という受領名をもらうまで続いていたと思われます。信長が「三郎」さんだなんて、ちょっとイメージにそぐいませんね。

長兄の信広は弟の信長に謀反をたくらむが、事前に察知されて降伏

ところで、織田信長のお兄さんはどんな人なのでしょうか。

次兄はよくわかりませんが、長兄の信広は織田信秀の側室の子として生まれたため、織田家を嗣ぐことができず、津田氏を称しました。天文九年より三河国安祥《あんじょう》城を居城としました。ところが天文十八年、なんと今川義元の軍勢に城を攻められ、捕虜となってしまったのです。

ちょうどこのおり、織田信秀は松平広忠の長男・竹千代（のちの徳川家康）を人質としていましたが、義元のほうから竹千代と信広の交換を申し出てきました。そこで仕方なく信秀は、この条件に応じました。

さて、その後の信広ですが、弘治三年に織田家の当主となった信長に対して、謀反をたくらんでいます。美濃の斎藤義龍とはかって、信長が出陣している隙に清洲城（信長の居城）を乗っ取り、義龍と信長軍を挟み撃ちにしようと計画したのです。しかし、事前に企てを察知され、信広は信長に降伏しました。

それ以後は信長の一家臣として働くようになりました。京都において室町幕府との連絡調整をおこなったり、元亀三年（一五七二）に岩村城の救援へ向かうなどの活躍を見せました。天正元年（一五七三）には、信長の名代として二条御所へおもむき、信長と対立していた足利義昭との和平交渉をおこない和議を結びました。しかし翌年七月、伊勢長島の一向一揆平定に出陣し、同地で討ち死にしてしまいました。

父母のもとで愛育された弟・信行は信長に二度も叛旗をひるがえす

ところで、信長には弟も何人かいます。

とくに信長の地位を脅かしたのが、同母弟の信行でした。信行は容姿も信長に勝り、格別に気品がそなわり大将の風格がありました。

信長が生まれてすぐに那古野城へ入ったのとは異なり、信秀の居城・末森城において父母のもとで愛育されました。そのため正室の土田御前は信行を愛し、家臣のなかにも「うつけ者」の信長より信行を当主にという思いを持つ者が少なくありませんでした。

かくして弘治二年、ついに信行は、林佐渡守や林美作守、柴田権六勝家ら重臣とはかって信長に叛旗をひるがえしました。戦いは稲生原でおこなわれましたが、信長勢七百人に対して、信行勢は二千人とも六千人ともいわれ、数倍の勢力を有していたようです。

ところが信長が陣頭に立って鬼神のごとく奮戦し、自ら敵陣へ駆け入って林美作守の首を掻き切ったと伝えられます。これに味方の兵も奮い立ち、ついに敵の大軍を瓦解させたのです。

謀反をおこした信行については、実母の土田御前が命乞いをしたため、信長は弟を許しました。ところが翌年、信行は新たに竜泉寺城（名古屋市守山区）を築き、密かに挙兵準備をすすめていきます。これを知った信長は一計を案じて病だと称して引きこもり、義理で見舞いに来た信行を清洲城内で殺害してしまいました。その亡骸は桃巌寺（名古屋市千種区）に葬られました。

信長の弟・源五長益《ながます》は本能寺の変で逃げのび、のちに有楽斎《うらくさい》と号した

信行のほかにも信長には弟がいますが、もうひとりだけ紹介しましょう。

織田源五長益です。

「織田の源五は人ではないよ、お腹召せ召せ、召させておいて、われは安土へ逃げる源五」

こんな唄が本能寺の変後に流行《はや》りました。

これは、本能寺の変のとき、織田信長の嫡男・信忠とともに二条御所にいた長益が信忠に切腹をすすめ、自分は敵の隙をみて逃げのびた行為を嘲笑したものです。

長益はのちに剃髪して有楽斎と号しました。茶道に詳しい人なら、茶人としての有楽斎の名をご存知かもしれませんね。

一説によれば、有楽斎は徳川家康から数寄屋橋《すきやばし》御門周辺の土地を与えられ屋敷を構えていたといいます。このためその周辺を「有楽原」と称するようになり、明治時代になってから有楽町と呼ばれるようになったといわれています。ただ、確かな記録からは有楽斎が数寄屋橋御門一帯に住んでいた記述はないので、おそらく史実ではないと思われます。

茶人としても名を残した有楽斎だが……

本能寺の変後、有楽斎は豊臣秀吉の御伽衆《おとぎしゅう》となって摂津国島下郡味下に二千石の領地をもらい、関ヶ原合戦では家康側について戦功をあげ、大和国山辺郡内に領地を賜り、三万石の大名に出世しました。

その後、淀殿《よどどの》（信長の妹・お市の長女）の叔父として大坂城の豊臣秀頼を補佐しますが、大坂冬の陣では主戦派を押さえ、秀頼母子を説得して和議に持ちこみました。ちなみに再び豊臣方と徳川方が険悪になると、家康の意を受けて大坂城中の情報を漏らし、夏の陣が勃発する直前に大坂城から撤収してしまいました。

けっこう卑怯な人ですね。

元和三年（一六一七）、有楽斎は京都の建仁寺（京都市東山区）に正伝院を建てて隠居し、茶を事とし利休七哲（千利休の高弟）のひとりとされました。さらに独自の作法をあみだし有楽流と称する一派をつくりました。この流派は現在でも続いています。

また有楽斎は正伝院内に茶室「如庵」を設けましたが、この茶室は日本三茶室に数えられ、現在国宝に指定され愛知県犬山市に移築されています。

いずれにしても、有楽斎は機を見るに敏で、巧みに世を渡り抜き、元和七年十二月に七十五歳で死去しました。

信長の三男・信孝《のぶたか》は秀吉とともに光秀軍を破ったが、のちに悲劇的な最期

知られざる信長の兄弟たちについて語りましたので、今度は息子たちについてもお話ししようと思います。

信長は子福者でして、なんと二十人以上の子供がいます。ですから今回はそのうち代表的な信孝と信雄についてお話したいと思います。

三七信孝は、信長の三男です。けれども、実際には次男・信雄より二十日早く生まれているのです。にもかかわらず、生母の坂氏が信雄の母より家格が低かったため、仕方なく三男に甘んじたのだといわれています。

信孝は永禄十一年（一五六八）に北伊勢神戸氏の養子になり、神戸城（三重県鈴鹿市）を

居城としました。

「仲々の武辺御意地強き御方」といわれ、各地を転戦してたびたび功を成しています。

天正十年（一五八二）四月、四国征伐の総大将に任命され、摂津国住吉浦でその準備をしていたところで本能寺の変を知り、羽柴秀吉軍と合流して山崎で明智光秀軍を撃破しました。

信長の息子のなかで唯一弔い合戦に参加したため、世間は信孝こそが織田家を継ぐ者だと思い、本人もそう確信していたようです。

ところが後継者は三法師（信長の孫）と決まってしまい、これを不満とした信孝は、柴田勝家と秀吉打倒を計画します。しかし、機先を制した秀吉に居城岐阜城（岐阜市大宮町）を囲まれ、人質を差し出して降伏したのです。

けれども、翌年二月、柴田勝家の挙兵に応じて再度秀吉に背きました。

だが、勝家敗死の報に接して戦意を失い、開城して野間内海大御堂（岐阜県知多郡美浜町）に移り、「昔より主を内海の野間ならば、恨みをみよや羽柴筑前」と秀吉への恨みを辞世として自刃して果てたのでした。武将としての資質が高かったことが災いしての悲惨な最期だったといえるでしょう。

安土城天主閣を焼失させた次男・信雄《のぶお》は「暗愚」と評されつつ長生

いっぽう信長の次男・信雄は、長男・信忠の同母弟で幼名を「茶筅」、通称「三介」といい、信長が伊勢国司北畠具教《きたばたけとものり》を下したさい、その養子となり、大河内城（三重県松阪市）、次いで田丸城（三重県度会郡玉城町）に入り、天正三年（一五七五）に北畠家を継ぎ左近衛中将に任じられました。

父の信長に従って各戦に参加しましたが、取り立てて述べるほどの軍功はなく、むしろ天正七年、勝手に伊賀国を攻めて重臣を失って敗走したため、激怒した信長に「親子の縁を切るぞ」と折檻状を突きつけられているほどです。

本能寺の変のときには、伊勢にいたにもかかわらず、光秀が秀吉に討たれるまでほとんど動かず、その二日後ようやく安土城（滋賀県安土町）に入りましたが、残敵掃討の目的で放った火が城に燃え移り、信長の大いなる遺産安土城天主閣を焼失してしまったと伝えられています。

宣教師のルイス・フロイスは信雄を「暗愚」と評しましたが、信長の後継者を決める清洲会議でも信雄を推す者は誰ひとりいませんでした。それがすべてを物語っていると思います。会議の結果、信雄は尾張・伊勢国など百万石を得て清洲城（愛知県西春日井郡清洲町）主となりました。

天正十二年、自分をないがしろにする秀吉の態度に立腹し、徳川家康と同盟して秀吉と小牧・長久手《ながくて》に戦い苦戦を強いましたが、結局秀吉の口車に乗り、家康に相談なく秀吉と単独講和してしまうという暗愚さをみせました。

翌年、秀吉の命《めい》で越中の佐々氏攻めの将となるにあたり、信雄は完全に秀吉の臣下になり果てたのです。

天正十八年、天下を統一した秀吉から信雄は家康の旧領へ国替えを命ぜられましたが、父祖の地尾張にこだわったため秀吉の怒りをかって失領し、下野《しもつけ》烏山に配流され、剃髪して常真と号しました。

しかし、のちに許され、秀吉の御伽衆となって一万七千石を与えられましたが、時代の流れを読み違え、関ヶ原合戦では石田三成に味方し、再び失領してしまいます。

やがて、淀殿のいとこととして大坂城（大坂市中央区）に入って主戦論をとなえましたが、家康の誘いに乗って一転して退城し、大坂冬の陣にも加わらず京都に隠棲してしまいました。その功で大和上野のうち五万石をあたえられ、寛永七年（一六三〇）四月、天寿を全うしました。

信長の息子十二名中、長生きした者は四男・信包と、この信雄だけでした。

「暗愚」と評された信雄ですが、有為転変を重ねながらも天寿を全うした理由は、案外その暗愚さにあったのかもしれませんね。

信雄の墓所は、父信長と同じ大徳寺総見院（京都市北区）にあります。

以上、信長の知られざる兄弟・息子たちを紹介しました。

堺の豪商・今井宗久《そうきゅう》がいなければ、信長の天下取りはなかった⁉

戦国時代といえば、戦国大名のことをすぐにイメージしてしまいますが、当時の世の中を動かしていたのは彼らだけではありません。とくに商活動で大きな働きをしたのが「豪商」と呼ばれる商人たちです。彼らがいなければ、戦国大名は戦争などできなかったのです。

茶屋四郎次郎、末次《すえつぐ》平蔵、島井宗室、角倉了以《すみのくらりょうい》、小西隆佐《りゅうさ》など多くの豪商がおり、彼らは戦国大名と巧みに結託しながら、商活動を拡大していきました。

そんな豪商たちが多く住んでいたのは、博多、京都、そして摂津国堺でした。

豪商たちの自治都市・堺は強大な戦国大名に匹敵する武力を有していた

堺は和泉《いずみ》国と摂津国の境にあったので、そう呼ばれるようになったそうです。良港をもつうえ熊野街道が走り、大坂や京都にもほど近い要衝地であり、それが中世における飛躍的な発展のカギになったと思われます。

室町時代、堺の商人たちは室町幕府の管領《かんれい》・細川氏と結んで日明貿易に進出し、莫大な富を得、琉球との交易にも力を入れ、東南アジアへも積極的に貿易船を出していくようになりました。ルソン助左衛門のようにフィリピンのルソン島から商品を購入したり、アモイに支店をつくったり、北京にまで金を取り立てに行った堺商人の話が残っています。

日本にキリスト教を伝えたフランシスコ・ザビエルは、「堺は日本の最も富める港で、国内の金銀の大部分が集まるところだから、ここに商館（貿易センター）をつくるならポルトガルに大いなる利益をもたらすだろう」と本国に書き送っています。

ですから戦国時代の堺には、有り余る財力を有する豪商たちがゴロゴロ存在したのです。

彼らは、もうけた富を寺院に寄付をしたり、屋敷に贅をこらしたりしましたが、最も資本を投下したのは町の防衛に関してでした。

ある外国人宣教師は、「堺の街は東洋のベニス（ヴェネチア）のように濠や塀で守られた自治都市である」と述べていますが、豪商たちはその財力で町の周囲に深い堀をうがち、傭兵をやとって治安を守ったのです。

たとえば、堺の豪商・日比屋了慶《ひびやりょうけい》は、三百人の部下に海賊船を撃退させたといわれており、おそらく堺の豪商たちは町全体で数千人の武力を抱えていたものと考えられます。これは、強大な戦国大名に匹敵する数といえます。同時に、三好三人衆や松永久秀など、近隣の戦国大名に金銭を提供し、用心棒のような役割をさせていたらしいのです。

堺の町は三十六人の会合衆《えごうしゅう》（豪商）の合議制によって自治がおこなわれていました。そんな堺の豪商のなかに、今井宗久という人物がいます。

信長への軍資金提供をしぶる豪商たちを説得した今井宗久

宗久はもともと堺の人間ではなく、大和国（近江国との異説あり）に生まれ、若いころに堺へやってきて豪商の納屋《なや》宗次のもとで働きはじめて頭角を現わし、やがて同家を継いだといわれています。その後、宗久は豪商で堺流茶の湯の開祖である武野紹鷗《たけのじょうおう》に弟子入りして茶を学びましたが、紹鷗に気に入られ娘婿となりました。

さて、永禄十一年（一五六八）、織田信長が大軍で足利義昭を連れて上洛しました。これにより畿内の諸大名は信長に服属し、室町幕府が再興されます。

このとき堺の豪商のなかで最初に信長のもとに出向き、名茶器「松島の茶壺」などを差し出して連携を深めたのが今井宗久でした。その眼力は大したものだといえます。

まもなくして信長は、堺の人びとに対して二万貫の矢銭《やせん》（軍資金）の提供を求めたのです。もしこの要求に従わなければ、軍勢を派遣して堺を焼討ちする構えをみせました。二万貫というのは現在の価値にするとおよそ六億円程度になるでしょうか。もちろん、堺の豪商にとってはこれくらいの金額は出せないことはありません。しかしながら、信長の要求に応じるということは、いままでの自治政治を放棄し、信長の軍門にくだることを意味したのです。

それは堺の豪商たちのプライドが許すものではありませんでした。それゆえ堺の自治権をまもるため、織田氏と敵対する三好三人衆などと結んで信長に抵抗しようとしたのです。このときにあって今井宗久は、豪商たちに信長に敵対する不可を必死に語り、どうにか彼らを説得して織田氏への服属を決意させたといわれています。

これにより自由都市とされてきた堺の町は、織田信長の直轄地となりました。なお信長は、宗久の行動を大いに評価し、彼を堺五箇荘の代官に任じました。かくして信長政権のもとで、宗久は一躍堺商人のトップに躍り出たのでした。

戦国大名の多くは茶の湯を愛好していましたが、信長もこれに熱中するようになり、名茶器を熱心に蒐集、さかんに茶会をもよおしました。

茶道をきわめていた宗久は、信長の茶頭に任じられました。茶頭とは茶の湯を司《つかさど》る役をいいます。

ところで、信長が堺を直轄下におこうとしたのは、その富だけがねらいではありませんでした。堺の豪商にはキリスト教徒が多く、外国人宣教師や外国人商人を通して、最新の知識や情報を手にできる立場にあったのです。信長は、外国の技術や文化に多大な興味をいだいており、そうしたものを活用したいと考えたようです。

また、堺が鉄砲の産地であったことも大きな理由のひとつです。

今井宗久なくして信長の誇る足軽鉄砲隊は成立しなかった！

もともと堺には鉄を扱う鍛冶職人がたくさんおり、堺の豪商のなかには、南蛮伝来の鉄砲をつくらせて儲けようとした者がおりました。そんなことから鉄砲の産地へと成長したようです。

信長は若いころから鉄砲という新兵器に着目していました。

この時期の鉄砲は有効射程距離一〇〇メートル、弾をこめて発射するまで熟練者でも二〇秒以上はかかりました。

ですから、場合によっては敵が弾をこめているあいだに斬り殺してしまえるし、最初の

足軽鉄砲隊成立の背後に武器商人・今井宗久の影

銃撃に失敗したら射撃手は命取りになってしまいます。

そんなことから、鉄砲は暗殺やこけおどしには効果を発揮しても、槍や刀をしのぐ武器になるとは思われていなかったのです。

そんな鉄砲という武器を、大量に、かつ一斉に使用することで無敵の兵器に変えたのは、まさに織田信長でした。

じつは、そうした鉄砲の有効性を密かに信長に伝授したのは、今井宗久だった可能性もあるのです。

なぜなら宗久はこの時期、堺を中心に鍛冶職人を大量に集め、堺近辺の我孫子《あびこ》村に鉄砲製造工場もつくっていたからです。

鉄砲は一挺、いまのお金にして二千万円ちかくする高価な武器でした。だからもし大量に鉄砲を売りさばくことができれば、莫大な利益が転がりこんできます。

そうした商業的意図をもって、宗久は鉄砲の効用を信長に熱心に吹きこんだのではないかと思われます。じっさい、宗久は大量の鉄砲を信長に売りつけ、大儲けしたようです。

宗久の賢いところは、鉄砲と火薬をセット販売したことでしょう。

あたりまえの話ですが、鉄砲を使用するには火薬が必要です。しかし、信長のころはまだ、火薬はほぼ全面的に輸入に頼っていたのです。

しかしながら宗久は、すでに火薬を大量に入手するルートを確立していたようで、元亀元年（一五七〇）の姉川合戦にさいしては、大量の鉄砲・火薬を信長の家臣・羽柴秀吉に用立てています。

いずれにせよ、信長が創設した足軽鉄砲隊に鉄砲や火薬を大量に供給していた武器商人は、じつは今井宗久だったわけです。逆にいえば、宗久なくして信長の足軽鉄砲隊は成立しなかったといえるのです。

鉄砲は堺の特産品となり、今井宗久はその製造と販売をほぼ独占

ところで鉄砲といえば、やはり天正三年（一五七五）に信長・家康連合軍が武田勝頼軍を破った〝長篠の戦い〟が知られていますね。

このとき三千挺の鉄砲をもつ織田の足軽鉄砲隊が、無敵の武田騎馬軍団を打ち破ったというのはあまりにも有名な話です。

しかし、最近の研究では、三千挺といわれた鉄砲は、じつは一千挺にすぎず、なおかつ、武田方に騎馬軍団などそもそも存在しなかったことが判明してきているんです。

信長・家康連合軍が武田軍に勝った最大要因は、やはり数の差だったといえるのです。三倍もの差があったのです。

ではなぜ、「『鉄砲』の威力のおかげで勝利を収めることができた！」などといった俗説が後世に定着してしまったのでしょうか。

私は、「織田信長の鉄砲隊は無敵だ」と必要以上に鉄砲隊の強さを宣伝したのだと思っています。

コマーシャル活動を積極的に展開したのは、もちろん天下統一をもくろむ織田信長自身だったと思います。同時に、鉄砲を諸大名に売って儲けようとした今井宗久なども、きっと大いに各所でアピールしたのではないでしょうか。

いずれにしても、長篠合戦での勝利、さらに、それ以後の信長の快進撃は、武器商人である宗久にとっては絶好の広告塔となったはずです。かくして「堺鉄砲」の名で大評判をとった鉄砲は堺の特産品となり、宗久はその製造と販売をほとんど独占することになったのです。

豊臣秀吉の側室・淀殿はスーパーモデル級の長身だった！

絶世の美女といわれた織田信長の妹・お市は、政略結婚によって近江の浅井長政のもとに嫁ぎました。しかし、信長が朝倉義景を討つべく越前国へ遠征したさい、長政は信長を裏切って織田軍を朝倉氏と挟撃したのです。これにより信長は長政と対立することになり、ついに天正元年（一五七三）に小谷城の浅井長政を倒しました。このおり、お市は茶々、初、お江与《えよ》という三人の娘とともに助け出されました。

〝本能寺の変〟後、お市は柴田勝家に再嫁しますが、勝家は賤ヶ岳の戦いで羽柴秀吉に敗れ、北ノ庄城で自刃しました。お市は勝家と行動をともにしています。まさに悲劇的な生涯だったといえるでしょう。

女性の平均身長一四〇センチほどの時代に、淀殿はなんと一六八センチ

さて、遺《のこ》された三人の娘ですが、茶々は母を死に追いやった秀吉の側室になりました。

天正十六年ごろのことだと考えられています。

茶々はのちに秀吉の子・秀頼を産んで淀殿といわれるようになり、秀吉亡きあと、豊臣政権のなかで大きな発言権をもつようになりました。しかし、関ヶ原合戦後も徳川家康に屈することを嫌い、ついに大坂の役を招き、最後は息子・秀頼とともに自害して果てました。

さて、そんな淀殿について、新しい発見がありました。

なんと、彼女の身長が判明したのです。

北里大学の平本嘉助氏と郷土史研究家の矢崎勝巳氏が、肖像画や肖像写真の着物や所持品から身長を割り出す方法を開発したのです。

淀殿の身長は、着物の襟幅などによって一六八センチぐらいだと割り出されました。

これはいまでも長身ですが、当時の女性の平均身長は一四〇センチ台半ばぐらいだと思いますから、一八〇センチ以上のスーパーモデルのような体形をしていたわけです。秀吉はそんなに長身とは思えないので、淀殿は秀吉を見下ろすようにしていたのだと思うと、ちょっと可笑しくなりますね。

ちなみに武田信玄の身長についても、肖像画の扇子を幕府の将軍の使用したものと同程度の一七センチと想定、上腕骨と身長の相関関係から一六二センチほどの身長だったと推定しています。男性の平均身長は、一五〇センチ台半ばだったと思われますから、けっこう長身だったと考えてよいでしょう。

ついでにいえば、驚いたのが坂本龍馬です。龍馬といえば、一説には一八〇センチ近い身長だといわれていましたが、おおよそ一六九センチと推定されたのです。伝説よりずっと低かったわけです。

ただ、それでも現代人の身長に直せば、おおよそ一八五センチ程度であり、当時としてはものすごく大きいイメージがあったのだと思います。

この手法を利用して、他の偉人たちの身長も次々と割り出してほしいですね。

秀吉に重用された千利休はなぜ切腹させられたのか？

千利休といえば、茶道の大成者です。日本史の教科書にもちゃんと、

「秀吉に仕えた堺の豪商千利休は質素・閑寂の侘び茶の茶風を追求し茶道を確立した」

（『日本史B』三省堂２００６年）

と書かれています。

しかし、豊臣秀吉に「内々のことはすべて利休にまかせてある」といわしめるほどの信頼を受け、豊臣政権のブレーンとしても活躍しているのです。ご存知でしたか。

戦わずして勝とうとした秀吉は、千利休の外交力に期待して重用した

千利休は魚屋《ととや》という屋号をもつ堺の納屋衆でした。「納屋衆」とは、「自前の倉庫を所有する大商店の旦那衆」、つまり、いまでいえばレンタル倉庫屋さんといえるでしょう。

利休は十九歳のときから武野紹鷗から茶の湯を学びはじめ、しだいに頭角を現わし、信長時代にも今井宗久とともに茶頭として仕えていました。

秀吉が利休を重用したのは、その外交力に期待したのだと思われます。

秀吉は、血を見る合戦での勝利よりも策略や外交戦を重視して天下統一事業を進めていきました。相手の性質や立場、敵の民政や家臣間の人間関係などを正確に把握したうえで、甘言や温情をもって誘降し、あるいは内部分裂を誘発させて自滅に追いこみ、戦わずして勝とうとしたのです。

戦国武将のあいだでは茶会が爆発的に流行しており、誰もが茶に夢中でしたから、利休の大成した茶室における茶は、まさにそうした策略や工作をおこなう絶好の場だと考えたのでしょう。

利休の茶室は、これまでと比べものにならぬほど狭い空間でした。相手の固唾《かたず》を飲む音、畳にすれる音さえ響きわたる、あまりにも狭隘な密室。天井は低く、落ち着いた色で統一され、世間と隔絶された別世界だったのです。

そんな場所では、己を偽ることは不可能。しかも室内では、現世の身分は関係なく対等なものとして接するというルールが存在しました。

そうした空間のなかで、秀吉は極秘の交渉や約束事をかわし、政治を動かしていこうとしたのだと思います。

ところで、秀吉と利休の間柄ですが、じつは信長が生きているころは、二人は師弟関係にあったのです。

そんなことから利休は、秀吉のことを「筑州」「羽柴」と呼びすてにしていたんです。いっぽうの秀吉ですが、利休のことを「宗易公《そうえき》」と尊称をつけていたそうです。年齢はもちろん利休のほうが上でした。

それが秀吉の出世に従って立場が完全に変わってしまったのです。なんだかサラリーマンの出世競争のような感じですね。

ともあれ、天下統一をめざす秀吉は、利休に絶大な信頼を寄せるようになり、利休を通しての「茶の湯政治」が展開されていきました。諸大名や豪商とのあいだに利休が内々に入って、その意向を秀吉に伝えてやり取りすることも珍しくなくなります。

天正十五年（一五八七）七月二十九日、秀吉の主催によって京都で「北野大茶湯」がもよおされました。この大イベントには全国から千六百人もの多数が参加しましたが、この大茶会をプロデュースしたのは、六十六歳の利休でした。

これが利休の絶頂期といえるでしょう。

なぜなら、それからわずか四年後、利休は秀吉から切腹を命じられているからです。

利休切腹の原因は、堺の豪商たちの利休への妬《ねた》みにあった

なぜ死を賜ったのかは、いまもってはっきりとしません。

秀吉の寵臣として台頭してきた石田三成との確執のすえ、利休のほうが敗北したのではないかというのが有力な説になっています。

私はこの利休の失脚に、堺の商人たちがからんでいるのではないかと考えています。

石田三成は堺の奉行を務めたこともあり、堺の豪商たちとは親しい関係にありました。

そんなわけで利休は、かつての仲間から憎悪・嫉妬され、それがために三成によって失脚させられることになったのかもしれないと思うのです。

というのは、秀吉のブレーンとなった利休が、秀吉の権威を背景にして莫大な富を得た

からです。茶器は、利休が鑑定したとおりの値がついたそうです。たとえ二束三文の茶道具であっても、利休が高値をつけたら、その額で取り引きされたのです。

「ひとりだけうまい汁を吸っている」

そんな堺の豪商たちの妬みがあったのは間違いないと思います。しかも、この時期の堺の豪商たちは、非常に苦しい立場に立たされていました。

なんと、自治の象徴であった堺の堀が天正十四年に埋め立てられてしまったのです。しかも、その作業は豊臣秀吉自らが陣頭指揮をとっておこなわれたといいます。秀吉は天正十一年から建設をはじめた大坂城の城下を繁栄させるため、堺の商人の多くを強引に大坂へ移住させましたが、堀の埋め立てもこれを促進させる一環だったと思われます。

そんな行動を利休はあえて制止しようとしませんでした。ゆえに、豪商たちの恨みを買っても仕方ない立場にあったと考えてよいでしょう。

第3章

信長・秀吉・家康に秘められた謎

いったい誰が織田信長を本能寺で殺したのか？

明智光秀は、なぜ主君の織田信長を京都の本能寺に襲ったのでしょうか。

その動機については、これまでさまざまな説がとなえられてきましたが、昔から最も有力だったのは、「光秀が信長に強い遺恨を抱いており、それを晴らすための謀反であった」というものでしょう。

けれども一九九〇年代に入ると、「本能寺の変は光秀の単独犯行ではなく、後ろに黒幕が存在する」といった類の説が、歴史作家などを中心に語られるようになり、やがて研究者のなかにも、当時の史料を駆使して黒幕説を主張する人びとが現われはじめたのです。

光秀の単独犯行ではなく、後ろに「黒幕」がいた⁉

黒幕には、豊臣秀吉、徳川家康、足利義昭、毛利輝元、長宗我部元親、堺の商人、イエズス会など、まことに多種多様な人物や勢力があてられ、多くの研究者や作家がユニークな自説を展開していきました。

本能寺の変を描いた江戸時代の錦絵（名古屋市秀吉清正記念館）

そうした流れのなかで注目を浴びたのが、朝廷黒幕説です。

代表的な論者は、作家の桐野作人氏と研究者の立花京子氏です。

両者の主張には少なからぬ開きもありますが、おおまかに朝廷黒幕説をまとめてみると、次のような話になります。

「信長は晩年、正親町《おおぎまち》天皇と関係を悪化させ、皇太子だった誠仁親王に譲位させようと動いた。信長は、誠仁の子・五の宮を猶子《ゆうし》にしており、最後には五の宮を天皇にすえ、自分は上皇になろうと考えていた。こうした意図を知って仰天した近衛前久《さきひさ》や吉田兼見《かねみ》ら朝廷公家勢力が密かに信長打倒計画を練り、勤王家である明智光秀を誘って信長を殺害させた」

というものです。ただし、その後桐野氏は自説を撤回し、明智光秀単独犯行を主張するようになっていきました。

いっぽうの立花氏も、朝廷の関与は認めつつも持論を発展させ、なんと南欧勢力（イエズス会）黒幕説をとなえるようになります。

こうしたことから、一時マスコミに大きく取り上げられるなどして話題になった朝廷黒幕説は、現在は急速に下火になりつつあるのです。

さて、三重大学の藤田達生教授は、信長に京都から追放された将軍足利義昭こそが、〝本能寺の変〟の首謀者だと主唱しています。

当時の義昭は、中国の毛利輝元の庇護を受けて備後鞆《とも》にいましたが、かつて「信長包囲網」を築きあげたように、本願寺勢力、公家勢力などと連携を取りつつ、最終的に旧臣であった明智光秀に命じて信長を倒させたのだといいます。

この説を一般向けに書いた『謎とき本能寺の変』（講談社現代新書　二〇〇三年）は、わずか一年間で七刷に達するほどの売上げを記録しており、急速に世間に浸透しつつあるといってよいでしょう。

また、戦国時代の一向宗を研究している小泉義博氏は、二〇〇四年に出版した『本願寺教如の研究』（法蔵館）のなかで、信長と長年敵対関係にあった本願寺顕如《けんにょ》の子・教如が、講和後も反信長の姿勢を貫き、諸大名と朝廷と連携しながら信長打倒計画を練り、最終的に朝廷を通じて光秀に信長を討たせたと論じています。

先の立花京子氏の南欧勢力黒幕説もきわめてユニークだといってよいでしょう。

その著書『信長と十字架』（集英社新書　二〇〇四年）によると、立花氏は、スペインやポルトガルはイエズス会を通じて信長に資金や武器を援助していましたが、それは信長に天下を統一させるのが目的だったというのです。

じつは南欧勢力は、以前より中国大陸の征服をもくろんでおり、天下統一後の信長の軍事力を用いて、これを達成しようとしていました。けれども信長が独自路線を歩みだしたため、明智光秀に示唆して信長を討たせたのだと説きます。

六十七歳の光秀の単独犯行⁉

以上、主たる黒幕説を紹介しましたが、こうした黒幕説に対し、これらをことごとく論破したのが、鈴木眞哉氏と藤本正行氏です。

これまで両氏は、いくつもの通説を打ち破ってきましたが、共著『信長は謀略で殺されたのか』（洋泉社　二〇〇六年）のなかで、数々の黒幕説（謀略説）について、ひとつひとつ反証史料や状況証拠をあげ、各説の矛盾や論理の破綻《はたん》を突いて論破・否定しています。非常に説得力があるので、さらに詳しく知りたい方はぜひとも一読してみてください。

なお両氏は、本能寺の変は、明智光秀の単独犯行によるものと断定しています。ちょうど織田氏の重臣たちは各方面への遠征に赴いており、そうしたなか、手元に大軍を有していた光秀が、「いまなら少人数で京都に来た信長を確実に討てる」と考え、にわかに謀叛に及んだと主張します。

では、なぜ信長を殺そうとしたのかという動機については両氏は「怨恨説」と天下取りの野望を持っていたという「野望説」の両方を紹介しつつ、「光秀の謀反の動機を野望説と怨恨説とに分けて、二者択一を迫るという従来の発想は、人間の複雑な心理、ひいては歴史というものの複雑さを理解する姿勢に欠けているように思われる」（『信長は謀略で殺されたのか』洋泉社）と述べ、動機の断定は避けています。

同じく信長研究で有名な谷口克広氏も『検証本能寺の変』（吉川弘文館　二〇〇七年）のなかで、実証的な観点から黒幕説をすべて否定したうえで、自説を展開していきます。

谷口氏は、〝本能寺の変〟の要因のひとつとして、四国政策の転換を指摘します。土佐の長宗我部元親と信長は友好関係にあり、当初、信長は長宗我部氏の四国領有を容認していました。そんな両家のあいだを取り持っていたのが明智光秀でした。

ところが信長は、長宗我部氏が四国を平定しそうな勢いを見せると急に態度を変え、ついに四国征伐を決定してしまうのです。〝本能寺の変〟のさいには、大坂に集結していた織田軍がいままさに四国へ渡海しようとしていたのです。これにより光秀は苦しい立場に立たされたと谷口氏は推測します。

さらに同氏は、光秀がこのとき六十七歳という高齢で、自分の将来に不安を持ち、反信長の急先鋒だった重臣斎藤利三の勧めもあって、ついに謀反に及んだのだと考えています。ただ、挙兵は事前に計画されたものではなく、鈴木・藤本両氏同様、にわかにチャンスが訪れたので、数日前に決意されたものだと主張しています。

光秀の単独犯行とすると、その動機は？

最後に、私が本能寺の変をどう捉えているのかを簡単に紹介して終わりましょう。

私は、明智光秀の背後に黒幕はいなかったと思っています。光秀は単独で事に及んだのでしょう。そういった意味では、鈴木、藤本、谷口の三氏と見解は同じだといえます。

谷口氏も述べていますが、五月の末になって、急遽、信長のみならず織田家当主の信忠（信長の嫡男）も京都に滞留することになりました。これを知った時点で、光秀の頭のなかに「謀反」という二文字がちらつくようになったのだと考えます。

では、その動機は何であったのでしょうか。

光秀自身が己の真意を語った史料は現存しないから、これについては推測の域を出ませんが、私は「怨恨説」には賛成できません。

怨恨説については、上洛した徳川家康の接待役で光秀は失態を犯し、激怒した信長にみなの面前で叱責されたのを怨んだとか、自分の母親を人質に差し出して波多野兄弟を降伏させたのに、信長が兄弟を成敗したので光秀の母親も殺されてしまい、これを怨んで犯行に及んだなど、さまざまな説があります。

ただ、そんな怨恨があったとしても、それが主たる理由ではなかったと思われるのです。

私は「野望説」をとります。光秀とて下剋上の世に生まれた武将。天下取りに思いを馳せることもあったはず。数十人の部下を率いただけで信長が京都にやってくる。信忠も京都にいる。いまならば信長を倒して天下に号令をかけることができる、そう思いついてしまったのではないでしょうか。

つまり、光秀に魔がさしたのです。

おそらく自分が信長父子を倒せると思いついた瞬間からの数日間は、犯行後の勝算について光秀はあれこれと思いをめぐらせ、懊悩したことでしょう。

ひょっとすると、出陣してからもためらいがあったのかもしれません。しかし結局、密謀を打ち明けた斎藤利三など重臣の後押しもあって、にわかに進路を変え、京都へ殺到したのではないでしょうか。

いずれにしましても、信長父子を殺害したのち、光秀は与力大名さえ味方につけることができぬまま、中国から引き返してきた羽柴秀吉にあっけなく倒されています。とても周到な計画を立てたうえでの行動とは思えず、謀反は突発的、発作的な行為だったと思うのです。

ともあれ、〝本能寺の変〟の真相については、今後も多くの新説が登場してくるでしょうね。

秀吉の運命を決した前代未聞の奇略・高松城水攻めの謎

織田信長の命令によって、羽柴秀吉の中国（毛利氏）攻略は天正五年（一五七七）十月からスタートし、播磨国、因幡国、備前国と平定を進め、天正十年三月十五日、いよいよ決着をつけるべく秀吉は一万七千人を率いて西下していきます。この出陣のタイミングは絶妙といえました。というのは、四日前に信長は甲斐の武田勝頼を滅ぼしており、ちょうどそのニュースが毛利氏に伝わりショックを受けるであろう頃合いを見計らっての行動だったからです。

秀吉の軍師・黒田官兵衛が奇想した日本史上未曾有《みぞう》の攻城戦

さて、秀吉が選んだ毛利氏との決戦場は、備前国と備中国の境目を流れる足守川流域でした。この地域は毛利方の重要な防衛線で、七つの堅城が配置され、それらが互いに連携して強固な備えがなされていました。もしここが突破されてしまえば、毛利氏の勢力は雪崩をうって瓦解し、滅亡する危険さえはらんでいたといえるでしょう。

すでに秀吉は天正八年から毛利方の武将たちの調略に乗り出しており、猿掛山城主・荘駿河守や日幡城主・上原元祐、加茂城の一将・生石中務少輔から寝返る約束を取りつけていたのです。

けれども、七城の要《かなめ》である備中高松城主の清水宗治《むねはる》だけは、備中・備後二国を与えるという良い条件を提示したにもかかわらず、頑として誘降を受け入れようとしませんでした。

ですから、この戦いにおいて高松城の攻防戦が最大の山場になるということは、秀吉もはじめから承知していたのです。

四月十四日、羽柴軍は宇喜多勢一万を加え、二万七千の大軍で七城のうち宮路山城と冠山城を攻囲しました。とくに冠山城については、ほかの諸城への見せしめのため、犠牲覚悟で力攻めをして粉砕しました。

その効果はてきめんで、高松城以外の城は戦わずして降伏するか、あるいは簡単に陥落してしまいました。

こうして孤立した高松城でしたが、この城は低湿地に築かれた、いわゆる浮城というものので、城へ向かう道は南側に一本、それもようやく人がすれ違えるほどのきわめて狭い幅だったので、とても大軍で攻めかけるのは不可能でした。そのうえ、六千の城兵が意気盛んでしたので、羽柴軍はほとほと攻めあぐみました。

しかも、五月初旬になると、毛利軍が大挙して後詰に来援するという風説が流れだしたのです。このため秀吉は、膠着状態を打開するために日本史上未曾有の攻城戦を展開します。そう、水攻めですね。

湿地に構築されている高松城、この地形の堅牢さを逆手にとり、城のまわりを高い堤防で囲み、近くを流れる足守川の水を堤内へ引きこんで水没させてしまおうと考えたのです。

まさに、発想の転換といえるでしょう。

この奇想を思いついたのは、秀吉の軍師・黒田官兵衛だったといいますが、こんな奇想天外な作戦が実現できたのは、やはり高い土木工学の技術を有した羽柴軍だったからだといわれています。

五月八日から開始された築堤工事は、わずか十九日間で完成しました。ただちに堤内に水が導き入れられ、城は見る間に濁流に包まれていきました。

ちょうど季節は梅雨にあたっており、水嵩《かさ》は増えつづけ、水没の危機は刻々と迫っていきます。

苛酷な講和条件を突きつけて交渉を長引かせた秀吉の狙いは？

ようやく着陣した毛利軍は、この情景を見て唖然としたことでしょう。

人工湖にわずかに浮かぶ高松城の曲輪《くるわ》は、戦闘機能を完全にうばわれ、いまや城兵は単なる人質と化していたのです。しかも、水位は上昇しつづけており、いくばくもなく城兵全員が水死するのは明らかでした。

このため毛利輝元は高松城の兵を救うため、使僧の安国寺恵瓊《えけい》を遣《つか》わして秀吉に講和を申し入れました。

湿地に構築されていた高松城（毎日新聞社）

これに対して秀吉は、伯耆《ほうき》・出雲・美作《みまさか》・備中・備後五カ国の割譲と清水宗治の切腹を要求します。

五カ国は、毛利氏の領国の半分にあたりました。

なおかつ、裏切ることなく最後まで毛利氏のために戦った忠臣である清水宗治、彼に死を命ずることなど毛利輝元にできようはずがありません。つまり、とても飲める条件ではなかったのです。

秀吉がこのような苛酷な条件を提示したのは、じつは講和交渉をすると見せかけて、時間を引き延ばすことに真の狙いがあったのです。

なんと秀吉は、高松城に主君・信長が来援するのを待っていたのです。

この戦いでは羽柴軍が二万七千人。毛利軍に関しては諸説あるのですが、『太閤記』は八万、『陰徳太平記』は四万、秀吉自身は五万だと語っています。しかし、ある研究者の概算によれば、たったの一万人足らずだったといいます。

毛利氏の最大動員兵力はおよそ四万五千人と推定され、この数はちょっと少なすぎる感じもしますが、豊後国の大友宗麟《そうりん》や伯耆国の南条氏を牽制するために各所に軍勢を残しておいたと考えれば、たしかに妥当な数字かもしれません。

すなわち、わざわざ織田信長の出馬をあおぐまでもなく、秀吉は独力で毛利氏と決戦できたといえるのです。にもかかわらず、主君に応援を求めたのは、信長に花をもたせようとする、この男特有の処世術だったと思われます。

信長の突然の死で、毛利との講和条件を緩和するも、毛利は拒否

しかし、結局それが徒《あだ》となったのです。

中国出陣のために京都本能寺に入った信長が、家臣の明智光秀に背《そむ》かれ、殺害されてしまったからです。時に六月二日のことでした。

この知らせが羽柴軍の陣中に届いたのは、翌三日の夜だったといいます。

この緊急事態を知った秀吉は、号泣しながらも、敵陣に通ずるいっさいの交通網を遮断

し、事実が漏れぬよう味方に箝口令を敷きました。非常に的確な指示であり、頭のほうは冷静だったようです。とくに箝口令を発したのは正解といえるでしょう。

なぜなら、これをやらなかった大坂滞陣中の丹羽長秀《にわながひで》と織田信孝（信長の三男）の軍勢二万は、あまりの衝撃にパニック状態におちいって四散し、わずか五百人にまで減ってしまっているからです。

秀吉はその日のうちに、先の安国寺恵瓊を呼んで講和条件の緩和を告げて、毛利氏の返答を求めました。具体的には、五カ国割譲を取り消して毛利氏の領土は現状のままとし、戦勝のしるしに清水宗治の首を差し出せば和睦するというものでした。

なんとも寛大なものです。

急に条件を緩めた理由として秀吉は、

「殿（信長）が近日中に大軍を率いて高松城にやってくるという知らせが届いた。なんの成果もないまま城を取り巻いていたとあっては、私の立場がない。また、もし織田軍が来襲すれば、毛利家の滅亡も必至だろう。つまり和睦は、お互いのためではないか」

と偽ったと伝えられます。

毛利氏にとっては願ってもない条件でしたから、喜んだ恵瓊はただちに毛利輝元と輝元の叔父である小早川隆景・吉川元春《きっかわもとはる》に秀吉の言葉を伝えました。

ところが、です。

なんと毛利輝元は、清水宗治に死を命じることはできないと拒絶したのです。

そこで仕方なく恵瓊は、この結論を羽柴方に伝えました。

高松城主を切腹に導き、講和を成した安国寺恵瓊の秘密とは?

このあと、私は秀吉と恵瓊のあいだに共謀があったのではないかと考えています。

もちろん、闇の部分ですからちゃんと歴史には残っていませんが、このときおそらく秀吉は、恵瓊に信長の死を正直に告げ、協力を求めた気がするのです。

世間では秀吉のことを「人たらし」といいます。いったんその人柄に触れてしまうと、誰もが魅了されてしまうからです。

とくに恵瓊は秀吉とは旧知の間柄で、すでに天正元年の時点でその大器を見抜き、将来性を買っていたのです。

そんなことから、秀吉の説得に乗って内応を了承したとしても不思議ではないと思います。また、そう仮定しなければ、その後の恵瓊の行動に説明がつかないのです。

というのは、秀吉の陣を出た恵瓊は毛利氏の本陣へは戻らず、その足で小舟に乗って直接高松城へおもむき、清水宗治に切腹するよう説いているからです。

毛利家の使僧（使い）という立場にある者が、主君・輝元の指示も仰がずに独断で、しかも異常なほど迅速に行動するなど、普通ならば考えられないことです。

さらにいえば、のちに恵瓊が、毛利氏の家臣で僧侶の身分のまま、秀吉から六万石の大名に取り立てられたのは、秀吉がこのときの恩に報いたからだという邪推も成り立ちます。

いずれにせよ、恵瓊の来訪を受けた宗治は、自分が死ねば城兵も毛利氏も助かることを知って自害を決意し、翌四日早朝、敵の陣前まで小舟を漕ぎ出して見事に割腹して果てました。

宗治が死んでしまったいま、和睦の障害は消えました。そこで毛利輝元も講和に同意し、同日午後、秀吉と誓詞《せいし》を交換しました。

毛利の使僧・安国寺恵瓊のおかげで秀吉は天下を取れた！

信長横死の知らせが毛利陣中に届いたのは、その直後だったといいます。

ですから、この日こそが、秀吉の運命を決する危急存亡の秋《とき》だったといえるのです。

羽柴軍は講和後も毛利の陣に矛先を向けたまま微動だにしませんでした。

信長の死を知った毛利輝元がどう動くか、これによって状況は大きく変わってくるのです。強気の姿勢は、秀吉の駆け引きでした。

もちろん秀吉は、祈るような気持ちで毛利勢の撤収を願っていたと思います。

はじめ、不気味な沈黙を守っていた毛利軍でしたが、やがて撤退を開始しはじめました。

おそらく秀吉は心中で狂喜したことでしょう。

しかし、その日は警戒して秀吉は軍をいっさい動かしませんでした。

そして翌六日未明、敵の追撃を防ぐために高松城を囲んでいた堤防を切り、濁流が広がるのを見定めると、にわかに漆黒の東天を指して風のように陣を引いたのでした。

織田信長という巨星が落ちたいま、時代は再び混沌《こんとん》のときを迎えました。

これから先は、天に飛翔して陽を拝するのも、闇に埋没するのも、自分の才覚ひとつにかかっている、そんなふうに期待に胸を膨らませつつ、秀吉は京都へ向かったのではないでしょうか。

信長が強引に切り取った東大寺正倉院の宝物・蘭奢待《らんじゃたい》とは？

鵺《ぬえ》という化け物がいます。

頭部は猿ですが胴体は狸、虎の手足を持ち、シッポは蛇だといいます。想像するだけで気持ち悪い姿ですが、平安時代、この鵺が内裏《だいり》の紫宸殿《ししんでん》に姿を現わし、二条天皇を悩ませたといいます。

そこで武勇にすぐれた源頼政が朝廷より鵺退治を依頼されました。頼政は鵺が現われるのを待ち伏せし、弓で見事にこの化け物を仕留めたと伝えられます。

この功績をたたえ朝廷は、頼政に対して「蘭奢待」の一部を切り取って与えましたが、これが蘭奢待が拝領された最初の記録です。

巨大な香木「蘭奢待」に秘められた「東大寺」の三文字

ちなみに「蘭奢待」という言葉を初めて耳にする人は、それがいったい何であるか見当もつかないと思います。

蘭奢待というのは、東大寺正倉院の宝物のひとつで、巨大な香木のことです。

正倉院の宝物の多くは聖武天皇の遺品です。中国のみならず遠くインドや西アジア産の逸品も少なくありません。

蘭奢待は黄熟香ともいう、中国から伝来した伽羅《きゃら》に属する香木で、おそらく南方のジャングルの土中に長いあいだ埋没していたものを掘り出した、最高級の品だと推測されます。

ただ、これがはたして聖武天皇の遺品なのか、それともあとから追加されたものか、はっきりとはわかっていません。

昔からの言い伝えとしては、この黄熟香の香りに感激した聖武天皇が、みずから「ランジャタイ」と命名したのだといいます。

ちなみに「ランジャタイ」とは、当時のインドの言葉で、人をほめるときに使うのだそうです。

この外来語に蘭奢待という漢字をあてたのは、ある種のシャレです。

蘭奢待の「蘭」には「東」という文字が含まれますね。さらに「奢」には「大」、「待」には「寺」の文字が隠されています。ですから三つ合わせると、東大寺になるのです。蘭奢待は東大寺正倉院の宝物ですから、この三文字をあてたのでしょう。

ところで蘭奢待の全長は一五六センチ、およそ女性の身長ほどはあります。幹まわりも最大四二センチあり、通常の香木に比べて巨大です。ただし、中は空洞なので重さはわずか一一キロ半です。黄熟香の名のとおり、木目は黄色味がかっていて、わずかな加熱でも強く発薫し、十回以上リサイクルが可能だそうです。

時の権力者五十数人に切り取られ、明治天皇がその最後の人物

蘭奢待が初めて文献に登場するのは建久四年（一一九三）の目録で、その後たびたび政

「蘭奢待」が収蔵されている東大寺正倉院（毎日新聞社）

治権力者によって切り取られた記録が残っています。

　確実なところでは、室町幕府の三代将軍・足利義満が至徳二年（一三八五）に奈良の春日神社に詣でたついでに東大寺の正倉院に立ち寄り、蘭奢待の香を楽しんでいます。

　永享元年（一四二九）、六代将軍・義教も、蘭奢待を二寸（約六〜七センチ）ほど切り取って持ち帰っています。

　お香の香りを楽しむ香道は、室町時代の東山文化のときに急速な発達をみせますが、そんな東山文化を花開かせた八代将軍・義政もやはり、寛正六年（一四六五）、蘭奢待を一寸四方二カ所切り取っています。きっと、お香にして極上の香りを楽しんだのでしょう。

　ところで戦国時代にも蘭奢待を切り取った

人物がいるのです。

それは、尾張の織田信長です。

天正元年（一五七三）三月二十三日のこと、突然、東大寺に織田信長の使者が現われ、「信長がぜひとも蘭奢待を見たい」といっていると伝えてきたのです。

あまりに火急な申し出だったため、東大寺側はいったん使者に丁重に引き取りを願いましたが、その日再度使者が訪れ、本日中に可否を教えろといってきました。せっかちな信長らしいですね。

このため東大寺では僧侶たちが集まって緊急会議を開きますが、「もし拒絶すればどんな目にあうかわからない」ということで、最終的には許可することにしました。

東大寺側では、おそらく信長の来訪は来年あたりになるだろうと呑気にかまえていましたが、なんと、返事を出したわずか四日後に、本人自らが奈良までやってきてしまったのです。

しかも、滞在している多聞城まで蘭奢待の現物を持ってこいと無茶をいいます。

しかし、正倉院はもともと聖武天皇の遺品を主とするものであり、倉を開封するためには天皇の許可が必要でした。

そのため、東大寺側は急いで使いを送って勅許を求めました。そこで朝廷は勅使を正倉院へ下向させ、正倉院の宝庫が開封されたのです。宝庫から出された蘭奢待は、多数の護衛とともに多聞城へ運ばれました。

このとき信長は、蘭奢待を一寸四方、二片を切り取り、一片を朝廷に献上し、もう一片は自らが薫香《くんこう》し、その一部を尾張国一の宮に寄贈しました。

なお、天下を統一した徳川家康も蘭奢待を切り取ったといわれていましたが、最近の研究によってそれが誤伝であり、見物したものの切り取らなかったことが判明しました。

参考までにいえば、蘭奢待を最後に切り取ったのは明治天皇でした。一八七七年、奈良に行幸したさいのことです。

ただ、大阪大学の米田該典助教授の研究によれば、蘭奢待は三十八カ所の切り取り痕が存在するといいます。同じ箇所から再度切り取られることもあるので、少なくても五十回以上は切り取ったのではないかと米田助教授は考えています。

いま紹介した人のほか、どんな人がこの名香の香りを堪能したのでしょうか。

蘭奢待は現在も東大寺の正倉院に厳重に保管されています。しかし、まれに奈良国立博物館などで公開されるときがあるので、もし興味がある方はぜひ機会を逃さず見学するとよいでしょう。

いまだに謎に包まれている豊臣秀吉出生の詳細

「尾張国中村において、織田信秀の足軽だった木下弥右衛門となか（のちの大政所）とのあいだに生まれ、八歳で父を失い、母の再婚相手である筑阿弥《ちくあみ》とうまく折り合わず、口減らしのため寺へ奉公に出されてしまう」

というのが、広く一般に受け入れられている秀吉の出自です。

しかしこれは、『太閤素性記』という史料に基づいた話であり、秀吉の系譜に関しては、ほかにも数えきれぬほどの説があり、列挙するだけで優に本が一冊できあがってしまうほどなのです。

それほど多くの異説が存在するというのは、裏を返せば、本当はよく素性がわかっていないということでもあるわけです。

まず、そもそも父母がいったい何者なのかがわからないのです。とくに秀吉の父親については落差が激しいのです。

るでしょう。

父親は木下弥右衛門か中村弥右衛門か、あるいは筑阿弥？

あえて父親説を大別すれば、「人間」「天皇」「日輪」（太陽）の三つに分けられるといえるでしょう。

けれども、はじめの「人間」説も、木下弥右衛門だとする『太閤素性記』、『明良洪庵』、『武功夜話』、『塩尻』、『老人雑話』と、筑阿弥実父説をとる『甫庵太閤記』、『祖父物語』、『豊臣系図』の二つに大きく分かれ、なおかつ例外として『豊臣実録』では父の名を中村弥右衛門、『尾陽雑記』では弥助としています。その身分についても、足軽・貧農・奴隷・村長と、これまたずいぶんと幅広いのです。

しかし、これまでの諸研究によって、秀吉の実父がさほど高貴な生まれではなく、庶民階層に属していたことは今日の通説となってきています。

比較的史料価値の高いといわれる『川角太閤記』には、小田原征伐のさいに秀吉が、鎌倉の鶴岡八幡宮で源頼朝座像と対面する場面が描かれています。

このとき秀吉は木像に向かい、「俺もおまえも天下人となったのだから友達だ。が、おまえは清和源氏の嫡流、そもそも天下を取って当たり前の家系だろう。それに比べてこの俺は、氏も系図もない草刈り童から身を起こし、見事に世の中を掌握したのだ」と自慢げに語ったと記されています。そんなことも、ひとつの論拠に挙げることができるでしょう。

天皇の御落胤《ごらくいん》説から日輪受胎説までも書き残されている

さて、次の「天皇」説と「日輪」説ですが、ともに荒唐無稽な浮説であることは私も重々承知しているのですが、たいへん面白くもあるので簡単に紹介していきますね。

『関白任官記』という史料があります。これは、関白に就任したのを機に、秀吉が御咄《おはなし》衆の大村由己に書かせた記録です。じつはそのなかに、「秀吉の母親は、無実の罪で尾張に流された萩中納言の娘で、朝廷に宮仕えをして帰郷したのちまもなく、秀吉を産んだのである」と記した部分があり、秀吉が天皇の御落胤だということをほのめかす、暗示的な内容となっているのです。

秀吉自身がこうした意味深な文章を書かせたのは、はからずも関白という朝廷最高の地位に就いたので、自分の出自を飾る必要に迫られたからだと思います。

けれども、この説は時代を下るにしたがい、より詳細に、かつ具体的になっていきます。松永貞徳の『戴恩記』では、「秀吉は大政所が天皇に近づいて孕《はら》んだ子である」とはっきり述べられているし、『塩尻』では実父を後奈良天皇、また『婴々筆話』は正親町天皇だと特定しています。

『日輪』説ですが、そもそもこの説は、秀吉が文禄二年（一五九三）に高山国（台湾）へあてた入貢要求の国書に端を発しています。

生まれや素性など、謎に包まれた豊臣秀吉

そこには、秀吉の生誕に関して、

「妊娠中の私の母が『瑞夢』を見た夜、部屋のなかが昼間のように明るくなり、驚いた人びとが占いを立てたところ、胎内の子はやがて四海に覇をとなえる人物になると出た」

と記されているのです。

出生の神秘を語ることで世界支配の正統性を強調しようとしたようですが、これがのちに『甫庵太閤記』に継承され、「日輪が体内に飛びこむ夢を見て、秀吉の母は、ただちに秀吉を妊娠した」という逸話に発展、さらに江戸後期の『絵本太閤記』になると、誕生のおり屋外に霊星が現われたとか、生まれながら歯が生えていたなど、日輪受胎説に怪奇性が加えられていくのです。

なんとも突拍子がない話ですね。

誕生日も生誕地も確定されていない

さらに紹介すれば、『日吉権現の申し子』説というのもあります。この説は、大政所（秀吉の実母）が日吉権現に祈って得た子が秀吉だという伝承が骨格になり、秀吉の容貌が日吉権現のお使いである『猿』に似ていたこと、幼名を日吉丸と称したこと、誕生日が天文五年（一五三六）正月元旦で、この年が申歳《さる》だったことなどが相俟《あいま》って生まれたようです。

けれども、元旦生まれというのもひとつの説にすぎず、ほかに同年六月十五日説、翌年二月六日説などがあり、新史料の発見により、近年では二月六日説が有力となりつつあります。

ところで秀吉については、誕生日に限らず、じつは生誕地も確定できていないのです。

「えっ、尾張国中村じゃないの」

そんなふうに驚いた方もいると思います。たしかに一般的には尾張国と考えられていますが、当時の宣教師ルイス・フロイスなどは美濃国だといい、近江国だとする書もあるんです。また、尾張生まれといっても、中村を筆頭に中々村、ミスノ村、蛇毛持村など、数限りなく生誕伝承地は存在するのです。

このように秀吉の生誕や素性をめぐる説が混乱をきわめているわけですが、最近では秀吉の母方から素性を解明しようとする研究者も出てきています。

その結果、松田修氏、小和田哲男氏、渡辺豊和氏などは、山野を漂泊して生活する山窩《さんか》（非農業民）である可能性が高いといいます。今後、この方面の研究の進展によっては、秀吉という人間の素性が解明される日が訪れるかもしれません。

『信長公記』と外国人宣教師が語る織田信長の実像とは？

織田信長という人は、進取の気性に富んだ型破りな男であり、だからこそ、天下統一の一歩手前までいったのだといわれています。

では、信長とはいったい、どんな人だったのでしょうか。


華奢《きやしや》で色白、髭《ひげ》のうすい「戦国のファッションリーダー」


信長を知るための良質の史料は太田牛一が著した『信長公記』だといえるでしょう。

同書によれば、とにかく奇抜なファッションを好んだようです。
十六、七歳の信長は、ゆかたの片袖をはずし、半袴に真っ赤な鞘の太刀をさし、腰に荒縄を巻きつけて火打ち袋や瓢簞《ひょうたん》をぶら下げていたといいます。髪型は茶道に用いる茶筅《ちゃせん》のように髷《まげ》を立てていたそうです。

晩年には、外国の装束にも興味をもったようで、南蛮人のソンブレロ（帽子）や中国人の帽子などをかぶったり、眉を描いたり、錦の頬あてをつけたりしています。上杉謙信に送った赤いビロードのマントが現存していることから、自分でもそうした南蛮のマントを羽織っていたのではないでしょうか。また、行縢《むかばき》（馬に乗るとき用いる腰巻き）は虎皮を用いたり、真っ赤な袴をはいたりと、とにかく戦国のファッションリーダーだったといえるでしょう。

また、華奢な体つきで色が白く髭が少ないということがわかっており、ある村で家臣とともに踊りを披露したときは、家臣たちが鬼や鍾馗《しょうき》などを演じているのに、自身は天女の格好をして女踊りをしています。

その性格ですが、赤ん坊のころからきかん気が強かったようで、乳母《うば》の乳首をたびたび嚙み破って何人も交代しているほどです。

噂をうのみにせず、自分の目で確かめずにはいられない行動派

非合理的な出来事については、その真偽を調べなくては気がすまない性格だったようで、

居城である清洲城から六キロほど離れた蛇池で「大蛇の怪物を見た」という噂を耳にすると、すぐに信長はその場所を訪れ、農民たちに命じて池の水を抜かせ、七分ほどになったところで、なんと、裸になって脇差しを口にくわえて池のなかに飛びこんだのです。結局、怪物は見つけられませんでしたが、無謀な行動といえるでしょう。でもどうしてもこの目で確かめたかったのです。

天正八年、無辺《むへん》という諸国を行脚《あんぎゃ》する僧侶が次々と奇跡を見せるので、滞在先の石馬寺栄螺《さざえ》坊の屋敷は門前市をなす有様となりました。この噂を知った信長は、ただちに無辺を安土城に連れてきて厩《うまや》で対面しました。

このとき直接信長は無辺に、「おまえはどこで生まれたのか」と尋ねました。すると無辺は「どこでもありません」と答えたので、「では中国やインドから来たのか」と再度きくと、「私はただの修行者です」といいます。

これを耳にした信長は「人間の生所三国の外には不審なり。さては、術物（化け物）にてあるか、然らば、灸《あぶり》候はん間、火の拵へ仕り候へ」（『信長公記』桑田忠親校注　新人物往来社）といったのです。

火あぶりにされたら、たまったものではありません。驚いた無辺は正直に「出羽国の羽黒の者です」と答えました。

すると今度は信長は「おまえは奇跡を見せるというが、いまここでやって見せよ」そう迫ったのです。

しかし、無辺はなんの奇跡も見せることができませんでした。きっと、タネや仕掛けのある奇術のようなものを人びとに披露して驚かしていたのでしょう。

信長は無辺がペテン師だと知ると「女や子供をだまし、国の費えをしやがってトンデモナイ奴だ」と激怒し、無辺の髪の毛をところどころ剃り落とし、素っ裸にして縄をかけ、町じゅうのさらし者にしたうえ、追放したのです。

その後信長は、無辺が子供ができない女性や病気に苦しむ女性に対して、午前二時ごろに秘法だと称して「臍《へそ》くらべ」なるいかがわしい儀式をしたということを知るにおよび、追放した無辺を追いかけさせ、事実を糺《ただ》したうえで誅殺したといいます。


信長の僧侶嫌いは、父・信秀の死に深くかかわっていた

このように、オカルト的なものや霊感商法のような怪しげなものを毛嫌いしたのが信長という人なのです。

とくに僧侶を嫌ったのは、父・信秀の死と関係しているような気がします。

さまざまなエピソードの残る織田信長の実像とは？

信長が父・信秀の葬儀の席で、長柄の太刀と脇差しを荒縄で巻き、例の茶筅髷で袴もつけずに霊前に進み出て、抹香《まっこう》をつかんで投げつけたという逸話も有名ですね。この無礼な態度は、じつは僧侶たちへの怒りをぶつけたものだと思われます。

信長は信秀が危篤になったとき、祈禱する仏僧たちに「父は回復するかどうか」と尋ねました。このとき彼らは「回復する」と保証したのです。ところが数日後に信秀は死去してしまいます。これに怒った信長は僧侶たちを寺院に監禁し、「貴僧らは父の健康について虚偽を申し立てたから、いまや自らの生命につきさらに念を入れて偶像に祈るがよい」（ルイス・フロイス著『日本史』松田毅一・川崎桃太訳　中央公論社）といい、彼らのうち数名を射殺したと伝えられます。

こういう状況だったから、三百人もの僧侶が読経するなかで執行された父の葬儀に、信長はこのような無礼な態度をとったものと思われます。また、これ以後、神仏の力など信じなくなってしまったのでしょう。

さて、信長の性格については、宣教師のルイス・フロイスがその著書『日本史』のなかで詳しく書き記しています。

フロイスが信長に会ったのは、永禄十二年（一五六九）のことでした。このとき信長は家臣に応対させ、自分は少し離れた物陰からこれを見物していたといいます。のちに信長はフロイスに「異国人をどのように迎えてよいかわからなかったから」と語ったといいますが、応対に戸惑う信長の姿がかわいらしく思えますね。

さて、フロイスは『日本史』のなかでおおよそ次のように信長を紹介しています。中央公論社から発刊された松田毅一・川崎桃太訳の『日本史』を参考にさせてもらいつつ、以下に記します。

信長の身長は中背で、声は快調で睡眠時間が短く早起きだったといいます。酒は飲まず少食で、軍事的訓練にいそしんでいたそうです。屋敷のなかはとても清潔でした。趣味は茶の湯、鷹狩り、相撲、良馬と名刀の蒐集でした。

名誉心に富み正義を大切にしましたが、非常にせっかちな性格で、だらだらした前置きを聞くのが大嫌い、ときには激昂することもあったといいます。家臣の忠言などに従わず自分の決断を信じ、皇族・貴族に対しても部下に対するように上からものをいうのが常でした。

ルイス・フロイスが語るのは、まさに私たちがイメージする織田信長ですね。

自分で薬を調合していた家康は最期まで医師の薬を拒否

徳川家康は、若いころから薬学に興味をもち、自分で薬品を調合し、それらに「万病丹」「銀液丹」などという名前をつけて常用し、健康維持に努めていたといわれています。合戦に出かけていくときにも薬の専門書を読んでいたといいますから、時間さえあれば薬の研究をしていたのでしょう。中国や朝鮮の医学書も取り寄せて研究していたといわれています。孫の家光が重病にかかったとき、薬を与えて回復させたのも家康でした。ですから、自分の薬学知識には絶対的な自信をもっていたわけです。

ちなみに「銀液丹」の主成分は水銀とヒ素だと考えられています。

「それって毒じゃないですか」

そんなふうに、みなさんは驚くかもしれません。そう、毒です。しかし、これらを少量飲むことによって耐性をつけていたのではないでしょうか。戦国大名はいつ何時毒を盛られるかわかりません。そんなとき、耐性がついていれば落命をまぬがれますから。

家康が鯛の天ぷらの食べすぎで死んだと伝えられるのは誤り!?

家康は、食べ物についても健康のため質素なものを好んで食べていたといわれます。そんな健康オタクだったため、七十歳をすぎても家康はピンピンしていましたが、元和二年(一六一六)一月、鷹狩りに行った先で動けなくなってしまったのです。榧《かや》の油という高級なもので揚げた鯛の天ぷらがあまりに美味しかったので、家康はついついこれを食べすぎ、調子を崩してしまったといわれています。しかし、没したのは四月十七日ですから、食中毒というのは誤りだと思います。

症状からいって胃癌ではなかったかと考えられます。

ところで、病に伏せった家康は、医師の片山宗哲が用意した薬にいっさい手をつけようとしませんでした。かわりに「腹のなかに固まりがあるから、これは寄生虫だ」と自分で調合した虫下しの薬ばかり飲んでいたのです。

薬学知識には自信をもっていた徳川家康

このままでは死んでしまうと心配した医師は、駿府にやってきた二代将軍・秀忠に事情を話し、秀忠から家康を説得して薬を飲ませようとしたのです。

すると家康は、「おまえの薬などいらぬわ！　もう二度と現われんでよい！　追放じゃ！」と怒って信濃国諏訪の高島へと流罪にしてしまったのです。

なんともひどいとばっちりだといえますね。

そのあと家康は、自分が調合した薬をあれこれ試すもいっこうに快方には向かわず、最後は飲んだ薬さえ吐き出す始末で、とうとう息絶えたのでした。

自分勝手な治療によって、寿命が縮まってしまったといえるでしょう。それでも享年は、当時としては長生きの七十五歳でした。

信長・秀吉・家康の三天下人はじつは親戚どうしだった！

みなさんは、織田信長、豊臣秀吉、徳川家康のいわゆる三天下人が、親戚どうしだったことをご存知ですか。

戦国時代は「昨日の友は今日の敵」という時代で、戦国武将たちはお互いの不信感を払拭するため、血のつながりに頼り、政略結婚や養子縁組という名目での人質交換をしていたんです。

信長は長女・徳姫を家康の嫡男・信康に嫁がせている

たとえば織田信長は、自分の長女・徳姫を家康の嫡男・信康に嫁がせています。ただ、嫁ぎ先から来た女はスパイでもあるので警戒しなくてはなりません。じっさい徳姫は、自分の姑である築山殿（家康の正妻）と信康が、敵方の武田勝頼に内通している事実を父親の信長に密訴しています。

これに驚いた信長が家康の重臣・酒井忠次を呼びつけ、事実を問いただしたところ、弁解することができなかったため、信長は家康に妻子を始末するよう強く働きかけ、仕方なく家康は部下に築山殿を殺害させ、息子信康を自刃させています。

逆に信長は、斎藤道三の娘・濃姫と結婚しますが、彼女をうまくそそのかし、斎藤氏の重臣三名を道三自らの手で成敗させてしまうことに成功しています。

秀吉は信長の四男・秀勝を養子にもらっている

さて、秀吉です。秀吉は正妻や側室に子供ができなかったために、信長の四男・秀勝を養子にもらっています。

ちょうど毛利氏討伐を命じられながら、なかなか苦戦して戦いがうまくいっていなかったときです。ですから、信長の譴責《けんせき》をまぬがれようとする巧みな秀吉の処世術だと思います。なぜなら秀吉の死後、その領地はすべて自分の息子・秀勝のものになるわけですから、そんな秀吉を信長は処罰できなくなるわけです。ちなみに秀勝ですが、天正十三年に没してしまいました。まだ十八歳でした。

ところで信長の死後のことですが、秀吉は信長の五女と姪・茶々を側室に迎えています。なんとも女好きですね。

家康は秀吉の妹・旭姫《あさひひめ》を正妻に、次男・秀康を秀吉の養子に出している

最後は家康です。彼は秀吉の妹・旭姫を正妻に迎え、次男・秀康を秀吉の養子に出しています。

ところで、旭姫というのは、バツイチで四十をすぎた熟女だったのです。そんな女性を正妻に迎えたのにはワケがありました。

天正十二年、家康は信長の次男・信雄と同盟を結んで、天下統一を目指す秀吉と小牧・長久手で戦いました。このおり家康は、自分の本拠地・岡崎を急襲しようとする秀吉の軍勢を長久手の地で破ります。しかし、外交手腕に秀でていた秀吉は、家康の同盟者・織田信雄との単独講和に成功したのです。これにより、「織田信雄をないがしろにする秀吉を倒す」という名目がなくなってしまい、家康は戦いで勝ちながら仕方なく領国に撤収することになりました。

秀吉は同十三年には四国を平定、根来衆《ねごろ》・雑賀党や越中の佐々氏を討ち、越後の上杉氏、常陸の佐竹氏を麾下《きか》に加え、関白に就任しました。けれども、いくら招いても、小牧・長久手で戦って以来、家康だけは臣従しようとしませんでした。

いまとなってはよもや家康に負けることはない秀吉ですが、徳川を打倒するには相当の犠牲を覚悟しなければなりません。そこで秀吉は、実の妹・旭姫を家康に輿入れさせ、辞

を低くして彼の上洛を要請したのです。

じつは旭姫には旦那さんがいたのですが、秀吉は無理やり離婚させて彼女を家康のもとへ嫁がせたのです。

しかし、それでも家康は腰を上げようとはしなかったのです。ここにおいて秀吉は、思いきったことをします。年老いた実母・大政所《おおまんどころ》を、旭姫の病気見舞いだと称し、家康のもとに人質として送り届けたのです。

さすがの家康も秀吉の行為に感激し、ついに豊臣家に服属したのです。

いずれにしても、このように婚姻や養子縁組によって、戦国大名たちは巧みに世を渡っていったのです。

第4章

知っているようで知らない戦国時代

織田信長の巨城・安土城の石垣を積んだ謎の石工集団

みなさんは城というものは、石垣で囲われ、あるいは石垣の上に築かれているものだと思いこんでいませんか。

じつは石垣が城に姿を現わすようになったのは、戦国時代も後期のことなんですよ。城という字は、分解すると「土で成る」と書きますね。もともと日本では地面を掘って濠とし、その排土を盛り固めて土塁をつくり、城郭というものに仕上げていたのです。

お城めぐりを趣味にしている方がいらっしゃると思いますが、建物がなくなって石垣だけ残っている城址も各地にありますね。そうした石垣の多くは江戸時代につくられたものなんですよ。とくに関東以北では、戦国時代の終わりまで土製の城が圧倒的でしたから、この地方に残る城はみんなといってよいくらい江戸時代の建造です。

安土城は高さ二二メートルの石垣（七階建てビル）の上につくられた

ところで、土の城にかわって石垣を用いた城が登場してくるのは、永禄年間（一五五八

〜一五七〇）の西国地方においてだといわれています。初めて多くの石垣を使用して本格的な城郭をつくりあげたのは、あの織田信長でした。

そう、天正四年（一五七六）から建設が始まった安土城がそれです。『信長公記』の記述によれば、天主閣の石垣の高さは十二間あまりとあります。およそ二二メートルになります。現代でいえば七、八階建ての建物に相当する高さです。石垣だけで七階の高さがあるなんて、おどろくべき技術だといえますね。

この驚異的な高層石垣を積んだ石工集団が、穴太衆《あのう》でした。

穴太と書いて「あのう」と読みます。この呼称は近江国（滋賀県）に古くから存在する地名に由来しています。二世紀には、この地域に景行・成務・仲哀の三天皇が高穴穂宮を置いたと伝えられ、『延喜式』によれば、北陸道の始発点として「駅家《うまや》」（朝廷が公用に用いる人馬をおいた施設）が設置され、栄えたといいます。

ただ、比叡山延暦寺が創建されると、その門前町として栄えた坂本という町が隣接地であったため、しだいにそちらに賑わいを奪われ、中世の文献にはほとんど顔を見せなくなりました。

ところで穴太に住む人びとは、かつて大陸から渡ってきた百済《くだら》（朝鮮半島の一国家）系の一族の子孫だといわれています。じっさい、経典の書写・校正や明法《みようぼう》博士として活躍した穴太姓の人びとを、ときおり朝廷の古記録に見ることができます。

けれども、彼らが石垣構築にたずさわったとする記録は、奈良時代には見いだすことはできません。ですから、穴太の人びとが石というものと密接な関係をもつにいたるのは、比叡山延暦寺の創建と深く関係していたと考えていいでしょう。

平安時代初期に創建された比叡山延暦寺が仏教の聖地として栄えるようになりますと、比叡山の山中や麓にたくさんのお堂や宗教施設ができ、石仏や石塔、石垣や敷石といった石製品を莫大に必要とするようになります。

そうした石製品は、周囲に住む人びとが山から石を切り出し、加工して供給しました。そんな供給源のひとつが、穴太地域だったのです。

いまでも比叡山や門前町の坂本一帯では、穴太衆が自然石を美しく積んだ「野面積《のづらづみ》」と呼ぶ石垣を多く目にすることができます。けれども、戦国時代以前の彼らの仕事は、五輪塔や石臼づくりが中心だったと思われます。

こうした穴太衆の生活を一変させたのが、織田信長だったのです。

元亀二年（一五七一）九月、信長は敵対勢力である比叡山に総攻撃を仕掛け、根本中堂をはじめとする諸堂をことごとく焼き払って破壊、僧侶三千人を皆殺しにしたのです。

世間は神仏を恐れぬ信長の行為に恐怖しますが、穴太衆にとって比叡山の衰退は死活問

穴太衆によって積みあげられた安土城の石垣（毎日新聞社）

題でした。石製品を納入する最大の得意先を失い、生活の糧を奪われたからです。

しかも信長は、生存中は比叡山延暦寺の再興を決して認めなかったので、復興による石製品の需要は期待できませんでした。ですから穴太衆の生活は急に苦しくなってしまったものと想像されます。

そんな状況が好転するのは、それから三年後のことでした。

「江州（近江国）に穴太という所あり。其所にて古《いにしえ》より石の五輪（塔）を切り出し、そのほか都《すべ》て石切りの上手多くあるところなり。それゆえ、信長公、天主（閣）を建てられしとき、同国（安土も近江国）のことゆえ、穴太より石工を多く呼び寄せ、（石積を）仰せ付けられしより、諸国にてもこれを用いしに、次第に石垣の上手になりて、後には五輪を止めて石垣築のみを業としける」

これは『明良洪庵《めいりょうこうあん》』という古記録に載る記事です。

このように信長は、安土に居城を新築するにあたり、近くにいた石工集団の穴太衆を採用したのです。捨てる神があれば拾《ひろ》う神があるものですね。ちなみに穴太衆を拾った神は、皮肉にも比叡山を焼いて自分たちから仕事を奪った憎き信長でした。けれども、もしこの男が穴太の技術を導入しなければ、おそらく穴太衆は子々孫々、石塔などをつくって細々と生計を立てる生活に甘んじなければならなかったでしょう。

なお、信長が穴太衆を採用したのは、六角氏が築城した近江の観音寺城に見事な石垣が積まれており、これが穴太衆の技になるものだと知ったからという説もあります。

ともあれ、安土城の石垣は穴太衆の手によって積み上げられました。

各地の大名らが城づくりのため、石工集団の頭たちを家臣化

諸大名はその作品を目にして、あまりの見事さに誰もが息を呑みました。そして、信長亡きあと、多くの大名が居城の石垣構築を穴太衆に依頼するようになったのです。

穴太に住む石工たちは、こうした需要に応えて全国へ散って石積にあたりました。

このため穴太衆の勢力はにわかに膨張し、膨らんだ集団から数名の穴太頭と呼ばれるリ

ーダーが生まれ、それぞれに多数の有能な技術者をかかえ、互いに競い合うようになったのです。

早くも文禄二年(一五九三)には、伏見城の普請をめぐって、秀吉がかかえる穴太駿河・穴太三河と、関白豊臣秀次(秀吉の甥)に属する穴太出雲という穴太頭が対立したという記述が、『駒井《こまい》日記』(秀次の右筆・駒井重勝の日記)に見えます。

結局、「今後は三人が協力して秀吉・秀次のために築城にあたるように」とする妥協案で解決がはかられたようですが、注目すべきは、穴太衆のリーダーたちが「駿河」や「出雲」といった受領《ずりよう》名を有していたことです。これは、彼らの地位が飛躍的に向上した証拠なのです。

穴太衆は、戦国時代だけでなく江戸時代に入っても、非常に多くの城郭の石積にたずさわっています。

代表的なものだけでも、秀吉の聚楽第《じゆらくのてい》、加賀前田家の金沢城、山内家の高知城、池田家の国宝で世界遺産の姫路城、徳川家の日光東照宮などがあげられます。

天正十八年(一五九〇)、豊臣秀吉が天下平定の総仕上げとして後北条氏の小田原城を攻めます。この城はまれにみる大規模な堅城でしたので、秀吉は力攻めではなく持久戦を想定し、その拠点として対面に城(一夜城)をつくります。

このおり秀吉は吉川《きっかわ》広家と小早川隆景の二人に、彼らが有する穴太衆三十五人を派遣するよう命じたことが、「小早川文書」に見えます。これは、大名が家臣として穴太衆を召し抱えていた事実を物語っています。しかも、吉川・小早川二家だけで、少なくても三十五名もの穴太衆を家臣としてもっていたのです。

こうした諸大名による穴太衆の家臣化は、徳川家康が天下を取ると一気に加速していきます。江戸幕府がさかんに諸大名へ幕府の城を普請するよう命じたので、有能な石工を手元に置いておく必要が生じたのです。

穴太頭の戸波駿河が幕府に五百石をもって仕えたのを筆頭に、宇喜多氏に穴太伊賀が五百石で、黒田氏に戸波次郎左衛門が三百石で、細川氏に戸波儀太夫が三百石で、土佐の山内氏に北川貞信が百五十石で、というぐあいに、競って諸大名は穴太衆を高禄で召し抱えました。

こうして穴太衆は江戸時代初期に全盛期を迎えましたが、やがて泰平の世が到来し、明暦の大火後の江戸城修築を最後に、大規模な石積の仕事は姿を消します。かくして中期以降は小規模な石垣修理が職務の大半を占めるようになり、穴太衆の黄金時代は幕を閉じたのです。

武田信玄が用いた「黒川金山衆」の黄金力、攻城術、情報収集力

戦国大名たちは自分の実力で獲得した領土を豊かにするため、さかんに新田開発や治水事業をおこないました。また、城下に楽市令を出して商人の自由な商売を認めたり、関所を撤廃して物流を促進させるなど、さまざまな努力をはらっています。

さらに大名の多くが金山、銀山など鉱山の開発にたいへんな力をそそぎました。有名なのが甲斐の武田信玄の金山開発です。

信玄を大大名にのしあげたのは「金山衆」の黄金力

信玄の領国には、主な金山だけでも甲斐国の黒川金山をはじめ、湯之奥金山、早川金山、駿河国に富士金山、安倍金山、信濃国に金鶏金山、川上金山などがありました。

信玄のこうした金山の採掘にたずさわる人びとを「金山衆」と呼びます。金山衆は鉱山経営やその開発を生業とする山師集団で、それぞれに多数の坑夫を抱えています。信玄は、そうした金山衆を保護し、諸山の金山衆から多量の黄金を上納させたのです。

信玄は手元に集まってきた多大な黄金をもって、莫大な金貨を鋳造したといわれています。形状は判型、円形薄延型、棒状厚延型、碁石型などさまざまなものがあったようですが、ポルトガルコインを模倣した戦国初の定量金貨も鋳造していたようです。これは領内に流通するまでには至りませんでしたが、贈答や褒賞用に使われ、ときには戦費にあてられたといいます。

甲斐国が山がちで米があまり採れなかったにもかかわらず、信玄が天下をうかがえるほどの大大名に成長できたのは、この黄金力も要因のひとつだと思います。

信玄は黒川金山衆を使った「金掘り攻め」で数多くの敵城を攻略

ところで、攻城法のひとつに『金掘り攻め』という戦法があります。

工兵隊に城外からトンネルを掘らせ、郭内の水の手を切ったり曲輪を掘り崩してしまう戦法です。場合によっては、掘った坑道から部隊を城内へ突入させるケースもありました。そうした工兵隊の中核をなしていたのは、武田信玄の場合、金山衆でした。彼らはときとして城攻めで工兵隊の下士官に早変わりして、坑道作戦を指揮するのです。

武田信玄の金山衆の主力となったのは、黒川金山の山師たちでした。黒川の金産出量は莫大で、金山の周囲には鉱山関係者の屋敷がびっしりと並び、当時、黒川千軒と呼ばれる大規模な町にまで発展していたのです。

『北条記』や『関八州古戦録』によれば、永禄四年（一五六一）、信玄は松山城（埼玉県比企郡吉見町）でこの戦法を用いています。松山城は上杉謙信の属将・上杉憲勝《のりかつ》が守っていましたが、信玄は北条氏康とともにこの城を包囲しました。ただ、松山城は峻険な山に建ち、大きな井戸をもっていたので、なかなか落城しませんでした。もし悠長に構えていれば、越後から上杉謙信が加勢に来てしまいます。

そこで信玄は金山衆を使って坑道をうがち、まんまと二つの櫓を掘り崩すことに成功しました。

しかし、驚いた城兵によって坑道へ大量の水が流しこまれ、金山衆は打撃をこうむり一時撤退を余儀なくされました。けれども信玄は意を決して金掘り攻めの再開を金山衆に命じます。そこで彼らは竹束を鉄砲の盾として穴を掘り進み、多数の犠牲を出しながらも、ついに水の手を切ることに成功しました。

このため、城兵の士気は消沈してしまい、ついには城主の上杉憲勝は降伏勧告を受け入れ城を明け渡したといいます。

さらに元亀二年（一五七一）の深沢城（神奈川県御殿場）攻めでも、信玄は金山衆を投入しています。この年、信玄は突如、北条綱成の守る深沢城を囲み、金山衆を総動員してたくさんの坑道を地中に通し、たちまち郭を崩壊させたのです。これにはたまらず、城将・綱成は、小田原の北条氏政の加勢を待ちきれずに城を捨てて遁走しました。

その戦功をたたえた田辺四郎左衛門宛の信玄の印判状が残っています。同文の書状は、中村氏、古屋氏、保科氏、蘆原氏などにも出されていますが、いずれも黒川金山衆のリーダー的家柄であることから、このとき攻城の中心になったのが黒川金山衆であったことがはっきりわかるのです。

金山衆は、元亀四年の野田城（愛知県新城市）攻め、天正二年の高天神城（静岡県大東町）攻め、天正三年の長篠城（愛知県鳳来町）攻めにも投入されています。

金山衆は全国各地からの情報収集や隠密行動にも従事

ところで山梨県塩山市の一ノ瀬地区では、正月の松飾りに松を使わず桧を使うといいます。それは、江戸時代初期にこの地区に移住して開拓をはじめたとき、周囲に松が一本も生えていなかったため、開拓者たちはかわりに桧の枝を折って飾ったのが慣習になったのだと伝えられています。

一ノ瀬地区の開拓者は、黒川金山衆でした。じつは、黒川金山の産出量は、信玄のころ

信玄が金山衆に開発させた黒川金山の跡

をピークに激減し、次代・勝頼のときにはほとんど金を産まなくなってしまうのです。それは、武田氏領国内の金山に共通した傾向でした。

このため武田氏が滅ぶと、金山衆は転職や移住を余儀なくされていきました。一ノ瀬の例にあるように帰農する集団もいましたが、あくまでそれは少数派で、他山へ移って再び鉱山経営をおこなったり、山師に戻って新鉱脈を求めて全国を漂泊したりするのが主流となりました。徳川家に仕えて佐渡の金山、大森の銀山の開発に従事したり、同家の吏僚に転身する人びともいました。

とりわけ面白いのは、大怪盗になった向坂《こうさか》甚内《じんない》でしょう。陣内は武田家滅亡後、宮本武蔵に弟子入りして武芸を磨きましたが、のちに武蔵から離れ山賊集団のリーダーとなって盗みを働いたと伝えられます。

吉原という遊郭町を開いた庄司《しょうじ》甚左衛門もやはり、金山衆だったといいます。

この庄司と向坂はまた、隠密や忍者の仕事をしていたとされます。

ちなみに黒川金山が開発された時期についてはあまり正確なことはわかっていませんが、十五世紀末に紀州熊野から来住した修験者たちが、金鉱を見つけたとする伝承が残されているんです。修験者は、山中を飛び歩いて修行することから、山師の技術を有する人が多く、鉱山の歴史をひもとくと、開発に修験者が関係しているケースが散見されます。

戦国時代、修験者は宗教者ということで、全国各地を自由に通行できる特権を有していたので、戦国大名は彼らを情報収集や使者などに使役しました。すなわち隠密や忍者といえるのです。

とくに武田信玄という人は用心深い男で、そうした隠密を領内に多数放って不穏な動きを監視していました。実際、息子義信の謀反を事前に察知しているんです。

これはあくまで推測ですが、黒川金山衆はもしかしたら密かに信玄に仕えた忍者集団でもあったのかもしれませんね。もちろん、隠密行動は極秘であるゆえ、記録はいまにいっさい残っていませんが……。

戦国大名のもとには、さまざまな職能集団が仕えていた！

みなさんは戦国大名に仕えたのは武士だけだと思っていませんか。もしそう信じているなら、その認識は誤りです。そもそも戦いの第一線で活躍したのは農民なのです。豊臣秀吉が天下を統一する以前には兵農分離は確立しておらず、武士の支配下にある農民たちが合戦のさいには駆り出されて兵士として戦ったのです。

それは職人たちも同じでした。職人の多くは自分が住んでいる地の戦国大名に税として仕事を負担させられていました。そうした代表的な職能集団を紹介したいと思います。

藤沢大鋸《おが》引衆――小田原北条氏に仕え、建築材をつくる

大鋸というのは、縦引きの大型の鋸《のこぎり》のことです。二人がかりで引くのが一般的です。この大鋸を巧みに使って柱や板をつくる職人を「大鋸引」と呼びます。

藤沢大鋸引衆は、相模国藤沢（神奈川県藤沢市）に住む大鋸引集団です。森木工助を棟梁として代々小田原北条氏に仕えてきました。彼らの記録としては、天文四年（一五三

五）に北条氏綱の命令で鶴岡八幡宮の再建を担当しているのが見えます。みなさんも鎌倉に行ったときは、きっと鶴岡八幡宮にお参りしているのではないでしょうか。

また、玉縄城《たまなわ》（神奈川県鎌倉市玉縄地域）修築のさいにも板や柱の製材に動員されています。弘治元年（一五五五）には伝馬役を務め、棟梁の森氏はその功績によって年貢の一部を免除されたという記録も残っています。

小田原北条氏は、奈古谷（静岡県韮山町）の大鋸引衆も頻繁に使役したことがわかっています。

武田番匠衆――戦場に同行し、陣地の構築に尽力

番匠とは、いまでいう大工さんのことだと考えてよいでしょう。

戦国大名にとって、番匠は戦いにはなくてはならない存在で、合戦に彼らを伴うのを常としました。番匠の戦場での仕事ですが、櫓《やぐら》や陣小屋の建設など、主に陣地の構築が中心でした。ただ、その身の軽さゆえ、ときには忍びの役を命ぜられることもあったようです。

甲斐の武田勝頼は、高山飛騨守を中心に領内の番匠を衆として統括し、城攻めや城普請、寺院建設に使いました。名番匠としては、甲斐（山梨県）恵林寺の小島飛騨守、石橋（山梨県境川村）の新五左衛門尉、駿河（静岡県）の三木善右衛門尉などが知られています。

安倍《あべ》金山衆――今川氏のもとで城攻めにも参戦

金山衆については、黒川金山衆に関して詳しく述べましたが、多くの戦国大名が自国の金山衆を組織化し、鉱山開発にあたらせるとともに、実際の戦闘の場でも働かせています。

安倍金山の金山衆は、駿河国の大名今川氏のもとでたびたび城攻めに参戦しました。永正十年（一五一三）、今川氏親《うじちか》が遠江引間城（静岡県浜松市）を攻めたさい、安倍金山衆は坑道を掘って水の手を切り、開城させることに成功しています。それから三年後、今度は掛川城に籠もる大河内貞綱《おおこうちさだつな》が激しい抵抗を見せたとき、やはり氏親は金掘り攻めを実行し、井戸水を涸《か》らして落城に導いていることが判明しています。

板橋石工衆――北条氏から禄を与えられ城の石垣を築成

先述しましたように戦国時代の関東の城は、ほとんど石垣をもちません。ただし、小田原北条氏の領内においては、滅亡の十数年前あたりから見事な石垣をもつ小田原城や八王子城が現われてきます。

これをつくったのが、武蔵国板橋村（東京都板橋区）の石工集団でした。彼らは北条氏から正式に禄を与えられた公認の職人集団でした。

石工棟梁の名を石屋善左衛門といい、『新編相模国風土記稿』では彼のことを、「小田原城以下諸城修築のときは、配下の鍥工を駆催し、土肥山小田原山辺の採石をなさしめ、城垣を築成す」と紹介しています。

板橋石工衆は先の穴太衆とは異なり、石切りから工事現場への輸送、そして石積と、すべての過程を全部自分たちだけでこなしています。

石垣技術も、穴太衆の仕事に負けず劣らず巧みでした。ですから徳川家康は、開城したあとの小田原城を巡視したさい、煙硝曲輪《えんしようぐるわ》の石垣の見事さに感嘆し、石屋善左衛門を直々に呼び出して謁見したと伝えられています。

ところで、板橋石工衆には、裏の仕事もありました。彼らはさまざまな山を渡り歩いて良石を探索するため、各地の地理地勢に詳しく、同時に他国の石工衆との緻密なネットワークを形成していました。そんなことから小田原北条氏は、合戦のときには常に石工数名を同行し、隠密として用いたといわれています。

馬淵衆——戦国大名に石垣や敷石の材料を提供

馬淵衆もまた石工集団です。もともとは琵琶湖の東部馬淵山から石を切り出して、それを加工して石臼をつくって生活していた集団でしたが、やがて、戦国大名が使用する石垣の大石を切り出す仕事を担当するようになりました。

『信長公記』には、安土城の石垣を積むにあたり、馬淵衆が三百五十余りの大石を馬淵山から切り出して安土へ運び上げたとする記述があります。

彼らは天正十五年（一五八七）に聚楽第《じゅらくのてい》の据え石を配置し、慶長十八年（一六一三）に名古屋城本丸の敷石を敷いています。ただ、穴太衆とは異なり石垣は積まず、あくまで仕事の中心は石材の切り出しと加工処理でした。

天正十一年（一五八三）に領主浅野長政が馬淵衆にあて、「従来どおり石臼造りに従事してもかまわない」とする安堵状を発行していることから、彼らがその後も石臼をつくりつづけていたことがわかります。

知多郡黒鍬衆《くろくわ》――戦国大名に雇われて築塁や道路普請に従事

黒鍬とは、土を掘る頑強な鉄鍬を意味しますが、そこから転じて、鉄鍬を担いで土木工事に従事する人間をさすようになりました。

戦国時代になると黒鍬は、各地の戦国大名に雇われて築塁や道路普請をおこなうことが多くなります。戦争のさいに、兵糧や武器の運搬など兵站部を担当したり、討死者の埋葬をおこないました。ときには、敵の曲輪や陣地をその特殊技能をもって破壊することもあったようです。

黒鍬の出身地としては、尾張国知多郡（愛知県知多郡）が有名です。知多郡は、濃尾デルタ地域で湿地帯が非常に多く、昔からここの住人は山野を削った土砂で沼を田畑に造成したり、河川や池水が水田に漏れこまないよう、土を練り固めて堤をつくることに習熟しており、それが、黒鍬を輩出する要因になったと考えられます。

徳川家康は、江戸幕府を創設するさいに、戦国時代から抱えていた黒鍬衆を職制のなかに組みこんでいます。

彼らは江戸城内の土木・清掃事業を担当しました。はじめ百数十名であった黒鍬衆は、幕末には五百名に増えています。ただ、彼らの身分は低く、はじめ苗字は許されず、俸禄も微細でした。他方、徳川家に組み入れられなかった知多郡黒鍬衆は、全国の治水工事や新田開発事業にたずさわり、生計を立てました。

川並衆《かわなみ》——秀吉を支えた有能な土木集団

『武功夜話』によれば、若いころの豊臣秀吉は尾張国小折村の生駒家《いこま》（油や灰を売る商人）の食客だったとあります。このように、これまでの定説をくつがえす『武功夜話』ですが、同書には、生駒家と関係の深い蜂須賀家《はちすか》は川並衆の中核を成しており、当主の蜂須賀小六は巷説のような盗賊ではなかったと書かれています。

ではいったい、川並衆とはいかなる集団なのでしょうか。

それは、木曽川流域で漁猟や舟運を生業にしている一団でした。このあたりが低湿地であるため、黒鍬衆同様、土木の熟練した技術を有していました。

秀吉はのちに、未曾有《みぞう》の大城郭・大坂城をつくったり、三木城、鳥取城、高松城などを巧みな包囲戦で陥落させていますが、それをなしえたのは、いうまでもなく秀吉が、有能な土木集団を数多く抱えていたからであり、その主力となったのが、蜂須賀小六率いる川並衆だったことは間違いないでしょう。

このように戦国大名は、戦いでさまざまな職能集団を巧みに利用しながら、勢力を拡大していったのです。

秀吉の盟友・前田利家と大泥棒・石川五右衛門の意外な関係

希代の大泥棒といわれた石川五右衛門も戦国時代の人間です。ただ、きちんとした史料が残っていないので五右衛門の生涯を正しくつかむのは、きわめて困難です。江戸時代も後期になってくると、鼠小僧同様、義賊へと変わっていきますが、じっさいは弁解のしようのない大悪人だったと思われます。

江戸時代の講談本が出典になってしまいますが、おおよその五右衛門の人生を紹介しましょう。

ご存知、秀吉の命を狙って捕まり、釜ゆでの刑にされた大泥棒

五右衛門は河内国石川村に生まれ、少年のころから酒飲みの女好き、くわえて大嘘つきで村にいられなくなり、伊賀国上野に流れてきたといわれています。ここで五右衛門は忍者の百地《ももち》三太夫の弟子となって忍術を習得しますが、三太夫の妻がとても美人で、ついつい男女の関係を結んでしまいました。三太夫は別に愛人がおり、五右衛門は三太夫の妻からその愛人の殺害を依頼されました。

そこで五右衛門は愛人を古井戸に投げこんで殺し、三太夫の屋敷から大金を奪ってその妻とともに駆け落ちしますが、途中、足手まといになった女を殺害して金だけ持って上京しました。

そして得意の忍術を活かして泥棒家業をはじめたといわれています。しかも五右衛門にはリーダーの資質が備わっていたようで、いつのまにか三百人の部下をたばねる大盗賊団の頭目におさまり、畿内を中心に暗躍して稼ぎまわるようになりました。

ここまでなら五右衛門も変哲のない強盗団の親玉にすぎませんが、なんと五右衛門は天下人である豊臣秀吉の寝室に忍びこんでその命を奪おうとしたのです。

一説には、豊臣秀吉に嫡男・秀頼が誕生したため、後継者の地位が危うくなった関白秀次の依頼により、大金でこの仕事を引き受けたといわれています。

五右衛門の侵入先は、大坂城だったとも、京都の伏見城だったともいわれますが、それにしても警戒厳重ななか、よくも単身で秀吉の寝室に潜入できたものです。

ただ、いざ当人を刺殺しようとしたその瞬間、床の間の千鳥《ちどり》の香炉がけたたましく音をたてたのです。

あらかじめ仕掛けがしてあったとも、三本足の台のうち一本が短いので、わずかな振動で鳴ったのだともいわれています。

このため五右衛門は、たちまちのうちに警護の者に捕まってしまいました。

その後は、おなじみの釜ゆでの刑に処されるのです。

文禄三年（一五九四）、京都の三条河原に引き出された石川五右衛門は、大勢の前で我が子とともに煮殺されました。同時に一族郎党数十人も磔《はりつけ》に処されたと伝えられます。

処刑される前、五右衛門は秀吉の前に引き出されます。このとき秀吉が自分を殺そうとした五右衛門に対し、「この悪党め！」と雑言《ぞうごん》をあびせかけたところ、五右衛門は秀吉に対し、「何をいう。天下を奪った貴様こそ、日本一の大悪人ではないか」と啖呵《たんか》を切ったといわれています。なんとも名言ですね。

「石川や浜の真砂《まさご》は尽くるとも　世に盗人の種は尽きまじ」

これが石川五右衛門の辞世の歌だといわれています。享年は三十七歳だと伝えられています。

もし前田利家が死ななければ家康の徳川幕府もなかった!?

前田利家というと、豊臣秀吉の朋友というイメージが強いですね。織田信長の家臣のころから秀吉とは近所に住み、家族ぐるみのつきあいをしていたという巷説も残ります。この話はちょっと怪しいのですが、古くからの知り合いだったのは間違いないようです。

やがて利家は信長から柴田勝家の補佐を命じられ、勝家に従い北陸平定に尽力します。ところが信長亡きあと、賤《しず》ヶ岳の戦い（秀吉と勝家の戦い）が起こると、勝家を裏切って戦場で動かず、その後は秀吉側について勝家の本拠地・北ノ庄城（福井市）へ先鋒として攻めこみました。

秀吉との友情を重視してこうした行動をとったといいますが、やはり秀吉と勝家、どちらに将来性があるかを考えたすえの、巧みな保身術と考えていいかもしれません。もちろ

石川五右衛門の釜ゆでと奇妙につながる前田利家

ん、それは責められる行為ではありません。御家の存続をはかるため、戦国大名としては当然の決断です。

秀吉に降ってからの利家の働きは抜群で、それがゆえに秀吉は利家に大きな信頼をおき、死の直前、家康とともに息子・秀頼の後見人に利家を選んでいます。

利家は忠実に秀吉の遺言を守り、よく秀頼を後見しました。もしも利家が慶長四年（一五九九）に死没しなければ、家康があれほど強引に関ヶ原の戦いを誘発させることはしなかったと思いますし、もしかすると、徳川幕府も成立しなかった可能性もあるのではないでしょうか。

さて、そんな前田利家ですが、近年、驚くべき史実がわかったのです。

前田利家が「釜煎《かまい》りの刑」用の釜をつくらせる手紙が見つかった

富山工業高等専門学校の見瀬和雄教授が、『前田育徳会』蔵の利家書状に、利家が奥能登で捕まえた捕虜を釜煎りにするため、鋳物職人に釜の作成を命じる手紙があることを見つけたのです。

手紙は、天正十年（一五八二）五月二十四日付のものです。

けれども、先述した石川五右衛門と違って「釜ゆで」ではありません。「釜煎り」と記されています。そもそも、「釜煎り」とはどのような処刑なのでしょうか？

残念ながらよくわかっていません。おそらく、大きな鉄釜に油でも敷いて、人間を放りこむのではないでしょうか。

いずれにしても、大釜を使って人を処刑するのは間違いなさそうで、なんとも残虐な刑ですね。

ただ、手紙には「捕虜に断固たる処分を実施しないと、主君・信長に叱責される」と心配している内容も含まれているといいます。

参考までにいえば、前田利家の釜煎りは初めてのことではないらしいのです。

昭和初期に小丸城二の丸跡（福井県越前市）から出てきた瓦に、

「此書物後世ニ御らんじられ、御物がたり可有候、然者五月廿四日いきおこり候まま、前田又左衛門尉殿いき千人はかりいけどりさせられ候、御せいばいハ、はツつけ、かまニいられ、あふられ候哉、如此候、一ふて書とめ候」

と記されているからです。

「かまニいられ」とあるのが、釜煎りのことだと思われます。

もちろん「はツつけ」は磔、「あふられ」は火あぶりのことでしょう。

これは、前田利家が天正四年に越前の一向一揆を平定したとき、一揆勢千人を磔や釜煎り、火あぶりにした様子を刻んだものだといわれています。

ちなみにこの瓦に文字を刻んだ人物ですが、一揆勢の生き残りが前田利家の残酷な処刑を怨んで後世に残したのだとか、前田利家の家臣が一揆勢の処刑ぶりを誇示するために彫ったのだともいわれています。

それにしても、こうした残虐な処刑は、信長が好んでしていましたので、きっとこれも信長の要望だったのでしょうね。

なんと、放屁が原因で滅亡することになった戦国大名がいた

まさに、ウソのような話ですが、これは本当にあった出来事なのです。

おならが原因で衰退した戦国大名とは、千葉氏のことです。

千葉氏は千葉県に広がった一族です。

ただ、県名の由来とは直接的には関係ありません。廃藩置県で房総半島はいくつかの県に分かれていたのですが、それらが統合するとき県庁が置かれたのが千葉郡千葉町だったので、この地名が県名になったのです。

千葉氏は、桓武平氏で関東で反乱を起こした平忠常《ただつね》を祖とする豪族で、千葉荘と称する荘園を拠点にしたことから地名を苗字とするようになりました。

千葉氏が勢力を拡大するのは、源頼朝の挙兵に力を貸した治承四年（一一八〇）からです。時の当主は千葉常胤《つねたね》でした。

ちなみに千葉氏の一族はみな「胤」という字を好んで名前に使用します。これはいまでも続いていて、もしあなたのまわりに「胤」という名をもつ方がいれば、

「ひょっとして千葉氏がご先祖ですか」

と聞いてあげてみてください。きっと喜ぶと思いますよ。

その後、千葉氏一族は房総半島一帯に広がるとともに、九州や東北のほうへも分家が拡散していきました。

ただ、戦国時代になると、千葉氏は本拠地・千葉城を追われて本佐倉城へ移りますが、安房《あわ》の戦国大名・里見氏に圧迫されるようになります。そこで仕方なく、小田原北条氏の麾下《きか》に属して里見氏と対立するようになりました。

ただ、このころは本家の千葉氏より分家の臼井《うすい》城主・原氏のほうが力をもつなど、かなり千葉氏は衰退してしまっていました。

年賀の席で近習の放屁に怒った本佐倉城主・千葉邦胤は……

さて、『関八州古戦録』によれば、天正十六年（一五八八）正月、本佐倉城主・千葉邦胤《くにたね》のもとに家臣たちが続々と年賀に訪れました。家臣らは年賀の礼が終わると、書院で饗応を受けましたが、このおり配膳をしていた邦胤の近習で、十八歳の鎌田万五郎が二度も放屁したのです。

「このめでたい席で屁をひるとは無礼ぞ！」

そう邦胤が怒ると、万五郎は「出物腫れ物はところ嫌わずです」と満座で主君に口答えしたのです。

これに激怒した邦胤は万五郎を蹴り倒して脇差しに手をかけ、その場で成敗しようとしました。これに驚いた家臣たちが主君を必死にとめたため、その場は事なきを得ました。

それから万五郎は数ヵ月間の謹慎処分を受け、許されて元どおり出仕するようになりましたが、この措置を深く怨んでいたようで、同年七月四日、邦胤の寝所へ忍びこみ、なんと、熟睡している邦胤に対し、いきなり刀で斬りつけて逃走したのです。

物音に気がついた宿直が驚いて駆けつけると、邦胤は血だらけになって倒れ、「万五郎にやられた」といって絶命したといいます。

いっぽう、もはや逃げきれないと観念した万五郎は、近くの林のなかで切腹して果てました。

邦胤には千鶴丸（のちの重胤）という六歳の男児がいましたが、小田原北条氏は、子供では千葉氏の家臣団はおさえられないとして、北条氏政の子・直重《なおしげ》が千葉氏の家督を継ぐことになり、本佐倉城には原胤成《たねなり》が城主に入り、千鶴丸は小田原城へ入れられてしまったのです。

つまり、千葉氏は城を失い、当主の子は人質になってしまったのです。

放屁というたわいもないことが原因になって、名族千葉氏は衰退してしまったわけで、なんとも笑えぬ話ですね。

ちなみに千鶴丸は元服して重胤と称しますが、天正十八年に小田原北条氏が滅びると、千葉氏も領地を没収されてしまいました。その後、重胤はあちこちを放浪し、寛永十年（一六三三）に江戸で死去しました。ここにおいて名族千葉氏の宗家は滅亡したのです。

驚いてはいけない！　戦国時代からあった集団自殺の真実

日本では、ここしばらくのあいだ年間三万人以上もの人びとが自ら死というものを選んでいます。

それほど生きにくい世の中になっているのだと思います。自殺の多くは鬱《うつ》病に罹患《りかん》したことで誘発されているようです。ともあれ、こうした状況は憂慮すべき事態であり、政府や国民は自殺の防止ということにもっと真剣に取り組むべきでしょう。

自殺のなかで、昔から集団自殺というものがありました。身分の違いで一緒になれない恋人たちがあの世で結ばれようとする心中、経済苦や病苦などからの一家心中……。

ところが近年では、ひとりで死ぬのが怖くて淋しいからという理由で、インターネットで自殺志願者を募集して車中で練炭を使って自殺するという事件が増えています。初めて会った人と一緒に死ぬというのは、いったいどんな心持ちなのでしょう。私にはとても理解できないし、する気もありません。

でも理解できない集団自殺というのは、じつは戦国時代から存在していたのです。

戦国時代、各地の港で流行した「観音補陀落《ふだらく》渡海」

「彼らは大きい鎌をたずさえて船に乗る。手持ちのなかで最良の衣服を着し、各々が背中に大石をくくりつけ、袖にも石を満たし、一刻も速く天国に到着しようとする。そして沖に漕ぎ出た舟から、波涛へ身を投じるのであるが、その瞬間に、彼らが大いなる歓喜を示すのを見たとき、この宣教師はまったく仰天せざるを得なかった」（『耶蘇会士日本通信』）
戦国時代に来日した宣教師ガスパル・ビレラが、堺の港で目にした「観音補陀落渡海」と呼ばれる集団身投げの一場面です。
ご存知のように、キリスト教では自殺という行為は固く禁じられており、ビレラにとっては信じがたい光景であったことでしょう。
戦国時代、どの港でも見られるほどの流行を見せた「観音補陀落渡海」は、来世の極楽往生を願う儀式で、平安時代の浄土思想に端を発しています。

浄土思想とは、阿弥陀如来をひたすら信仰すれば、臨終のさい西方の極楽浄土に連れて行ってもらえるという教えです。この思想が流行ると、南方にも補陀落と称する浄土があると考えられるようになり、補陀落にいる観音菩薩を信仰する思想も広まっていったのです。そして、補陀落へ行くことが待ちきれない人びとは、熊野周辺の浜辺から小舟で漕ぎ出し、集団で身投げするようになったのです。

戦国の庶民たちは、死後の幸福を熱烈に望み、極楽へ行くためなら死ぬことさえ厭《いと》わなかったことがわかります。それは、戦乱の果てない現世に、全く希望がもてなかったことへの裏返しなのです。

周知のように、織田信長を最も苦しめたのは、石山本願寺と彼らが扇動する一向一揆でした。完全にこの戦いを終結するまで信長は十年の歳月と多大な兵力を費やしましたが、じつは一揆勢の執拗な抵抗も浄土思想の変形だったのです。

「南無阿弥陀仏を口にとなえ、鉄砲にて打ち取り候も恐れることなし。味方を踏み越え踏み越え、なお猛く前進」（『武功夜話』）

とあるように、最後のひとりになっても一揆勢は抵抗をやめませんでした。それは、

「討死の方々は、極楽の往生を遂げ候はん」（『円満寺文書』）

と一向宗（浄土真宗）の総本山・石山本願寺が保証したからなのです。

最近の研究では、一向宗の門徒でない者も多数、一向一揆に参加していたことが判明しており、極楽往生を願っての加勢だったことは疑いありません。

ともあれ、来世の幸福に最後の夢を託し、死への道を急ぐ人びとが続出したことは、戦国という時代の生み出した大きな悲劇でした。浄土思想や観音信仰は不幸にも、その促進剤となったのです。

戦国時代の人びとは、どのような食べ物を好んだのか？

先日、日本テレビの『世界一受けたい授業』で戦国時代の戦時食を紹介し、大きな反響を呼びました。芋がら縄というものです。じっさいに三波豊和さんにスタジオで料理してもらいました。

戦場に兵たちが持っていった「戦時食」は、いまでいうインスタント食品

芋がら縄というのは、里芋の蔓《つる》を縄のように編みこんで味噌で煮染めて乾燥させたものです。見た目は荒縄のように見えます。

ただ、料理研究家の方に編みこんでもらったのですが、太く編むのにたいへん苦労されたとおっしゃっていました。

芋がら縄の料理の仕方ですが、兵士がかぶっている鉄の陣笠を鍋がわりにして、水を入れて火にかけます。そして湯が沸騰してきたら芋がら縄の一部をちぎって入れ、しばらく待てば出来上がりです。

そう、いまでいうインスタント味噌汁になるのです。

タレントの石塚英彦（石ちゃん）などに味見してもらったのですが、みなさん、シャキシャキして美味しいとおっしゃっていました。

兵士たちは通常、この芋がら縄を腰に巻いて携帯し、戦時の保存食にしていましたが、ときには荷縄として用いることもできましたので、まさに一石二鳥だったというわけです。

戦国時代、兵士は戦争に行くとき通常三日分の食糧を自分で携帯していったといわれています。主食の飯については、餅にして携行するのが一般的でした。餅は「餅腹三日」といわれるように、腹持ちがよいうえトイレが遠くなると喜ばれたようです。そのうえ焼いて食べるだけでなく、削って生でも食べることができます。干し飯や炒り米として持っていくことが多かったようです。

干し飯とは、一度炊いたごはんを水洗いし、粘りを落としてから自然乾燥させたものをいいます。そのままでもパリパリ食べられますが、お湯を入れると元のごはんに戻ります。まさにインスタントごはんです。

炒り米は、玄米をよく炒ったものです。

短期決戦が想定される場合は、おにぎりを持っていきました。おにぎりは形がくずれないよう、長い胴巻き状の布に一つ入れてはソーセージのようにねじり、次にまた一つ入れてねじりという要領で数珠状にしていきます。これを「打違袋《うちかいぶくろ》」といい、腰に巻いて持参したのです。

さらに戦場では兵士たちは駆けずりまわって体力を非常に消耗しますので、塩分の補給が必要になってきます。そこで味噌を丸めて干したものを携行する人びとが多かったようです。信玄味噌でも有名ですね。

戦国武将は鶴や白鳥、鷺、虎まで食べていた

ところで、戦国時代の人びとはどのような食事をしていたのでしょうか。

これは身分や階層によってきわめて多様です。

一般の庶民はきわめてつましい食事をしていました。雑炊や粥などが主食でした。米が貴重なので、野菜や水でかさを増やしていたのです。まだ一日二食しか食べない人びとも多かったといいます。

じつは武士階級も中・下級武士であれば、庶民同様、主食は雑炊や粥でした。おかずも焼き魚やなめ味噌、山菜、漬け物といった程度でした。

しかし、これが天下人の食事となると、様相は一変します。

たとえば天正十年（一五八二）に織田信長が明智光秀を接待役として徳川家康に提供した四回分の食事のメニューが残っていて、江後迪子氏が『信長のおもてなし』（吉川弘文館）のなかで詳しく紹介されています。

そのなかから料理の品々を抜粋してみましょう。

「鯛の焼き物、鯛の汁、干鯛、鯛の羹、焼あゆ、鮒のすし、あゆのすし、かれい、えび、からすみ、さざえ、かずのこ、まなかつおさしみ、鴨汁、鶴汁、白鳥汁、鴫の羽盛、青鷺汁、ひばり、くじら汁、串あわび」

といったものが登場します。

なんとも豪勢ですが、鶴や白鳥、鷺まで食べていたとは驚きました。

ただ、豊臣秀吉はもっとグルメだったといい、晩年はとくにある動物を好んで食べていました。

その動物とは、いったい何でしょうか。

じつは虎なんです。

もちろん日本には棲息していません。

しかし、虎という猛獣は、一気に千里を駆け抜けると信じられており、秀吉はそんな虎の生命力と精力にあやかろうと、虎の塩漬け肉を外国から取り寄せては滋養強壮のために好んで食べていたそうです。

ご存知のように秀吉は朝鮮に出兵しますが、当時、朝鮮には虎が棲息していて、出陣した戦国の武将たちは、秀吉の歓心を買うため虎を捕獲してはその肉を送ったといいます。加藤清正の虎退治の話も、もしかすると、秀吉のためだったのかもしれませんね。それにしても虎肉はどんな味がしたのでしょうか。

戦国時代の日本ではヨーロッパの肉食の風が広く普及していた

ところで、戦国時代は仏教でタブーとされてきた獣肉食への禁忌が一時薄れた時代でもあるのです。日本に来日したヨーロッパの商人や宣教師たちが平然と牛肉を食べているのを目の当たりにしたためです。

それどころか、外国人宣教師は焼き肉パーティーをさかんに開いて信者たちにそのおいしさを教えていたのです。

『耶蘇《やそ》会士日本通信』には、宣教師のガスパル・ビレラが豊後国府内において、信者四百人を招いて、牛一頭分の肉とともに煮た飯をご馳走したところ、人びとは喜んで食べたと記されています
また、江戸時代初期に松永貞徳が著した『慰草《おきなぐさ》』にも、

「キリシタンの日本にいたりしときは、京衆、牛肉をワカ（ポルトガル語で牛肉の意）と称してもてはやせり」

といった記述が見え、ヨーロッパの肉食の風が、戦国時代、国内で広く普及していたことがわかるのです。

外国人宣教師たちが、焼き肉やワインなどを人びとに提供したのは、ひとつには食べ物で釣ってキリスト教に入信させようという狙いがあったように思えます。

仏教の僧侶たちが、このやり方を強く非難していることでも、じっさいに効果があったことがわかります。


宣教師は教会に来た日本人にカステラなどの南蛮菓子で入信を勧めていた

布教手段として外国人宣教師が用いたのは、肉やワインだけではありませんでした。

南蛮菓子もさかんに提供されました。

戦国時代の庶民は、蔦の幹を煎じてつくった甘葛煎《あまづらせん》や干柿、もしくは果物で甘味を補給するしかありませんでした。

そうしたところへ、砂糖と鶏卵をたっぷりと使用した南蛮菓子が入ってきたのです。カステラ、コンペイトウ、ビスケットがその代表です。豊臣秀吉などは大のカステラ好きで、頻繁にそれを取り寄せては食べていたと伝えられます。

これまで味わったことのない甘みとコクに、人びとの心がとろけてしまったことは想像に難くありません。

じっさい『太閤記』には、宣教師たちが「もし見物などの人来りせば、上戸には、ちんだ（蒸留酒）、ブドウ酒、ろうけ、がねぶ、みりん酎、下戸には、カステイラ、ボウル、カルメル、コンペイトウなどをもてなし、我が宗門に引き入ること、もっとも深かりしなり」（『太閤記』）と、教会に見学に来た人びとに西洋酒や南蛮菓子をあげて入信を勧めていたことが記録されているのです。

戦国時代に「人身売買」が大流行したのはなぜか？

天正七年（一五七九）のこと、京都場々町の門番の女房が信長の部下で京都所司代の村井貞勝によって処刑されました。

『信長公記』によれば、この女房の罪状は、「あまた女をかどはかし、和泉の堺にて、日比《ひごろ》売」っていたことでした。

貞勝の取り調べによって、なんとこの女は、それまで八十人もの女性を売りとばしたと自白しています。

人に買われても我が子に生きていてほしい親の究極の選択

信じられませんが、戦国時代は人身売買はそれほど珍しいことではありませんでした。それを専門に商売にする者を「人商人《ひとあきんど》」と呼んでいます。

彼らは全国各地をまわって安い値段で人間を買いあさり、高値で買い手に売りつけては、中間マージンをとって生活していたのです。

「人買い舟は沖を漕ぐ、とても売らるる身を、ただ静に漕げよ船頭殿」と、永正十五年（一五一八）に成立した歌謡集である『閑吟集《かんぎんしゅう》』にもその様子は唄われています。

ただ、『信長公記』の記事のように、人をだまして売り飛ばす例はむしろ少なく、ほとんどの場合、両親が了承して金と引き替えに自分の子供を人商人に売り渡したのです。

このような悪習の蔓延は、頻発する戦乱や自然災害などがもたらした不幸な結果なのです。そうしなくては、家族がみんな飢え死にしてしまうのです。たとえ人に買われても、我が子に生きていてほしいという究極の選択のすえ、「人商人」の手に委ねた場合も少なくなかったと思います。

当時の庶民の困窮は、次の証言からもわかります。

「日本では女が堕胎をおこなうのは非常に多い事であった。（中略）この事は誰もとがめないほど一般の事柄になっていた。生まれた子供の喉に足をのせて絞め殺すのもあれば、ある草の薬を服んで堕胎する者もあった」（ルイス・フロイス著『日本史』松田毅一・川崎桃太訳　中央公論社）

もちろん、望んで我が子を堕ろしたり殺したりする親はいないはずです。

いずれにせよ、いちがいに戦国の人びとの無慈悲を責めるのは酷というものでしょう。

では、人商人の手に落ちた人間は、いずこへ売られたのでしょうか。

この時期、「傾城屋《けいせい》」と呼ばれる娼家が続々と都に建ち並ぶようになりますが、女性の大半はやはり、性奴隷たる娼婦として、こうした娼家に売られたと思われます。

いっぽう、男のほうはといえば、欠落者の増加で人手不足に困っている名主《みょうしゅ》（有力農民）などに買われ、下人・所従と称される隷属的農民となって、労働力として使役されることが多かったと伝えられます。

武田信玄や上杉謙信らの戦国大名も捕虜を「人商人」に売買

ところで、じつは戦国大名の多くも人身売買にかかわっているのです。

あの甲斐の武田信玄も戦地で捕虜にした女や子供を売り払ったり、奴隷として甲斐へ連行したといわれています。

また、正義の軍神というイメージの強い上杉謙信ですが、小田城を陥落させたあと、捕虜たちを「人商人」に売買しています。城下に市が立つほど賑わったといわれています。

似たような捕虜や敵地の領民を奴隷としたり売り飛ばしたりという例は、薩摩の島津氏や奥州の伊達氏などにも見られます。

さて、戦国時代には、奴隷として海外へ輸出された人びともいたといわれています。

たとえばキリシタン大名らにヨーロッパに派遣された天正遣欧使節のひとり、千々石《ちぢわ》ミゲルは、帰国後、キリスト教を棄教してしまいます。

一説によれば、ミゲルは、外国に売られて家畜同然に扱われている多くの日本人男女を行く先々で見たからだといわれています。これには外国人宣教師やヨーロッパの商人などが深く関与していたようです。じっさい、豊臣秀吉はバテレン追放令を出し、外国人宣教師たちに国外退去を命じますが、その根拠のひとつに、宣教師が日本人をインドへ奴隷として送りこんでいる事実をあげています。

このように、ヨーロッパ人は密かに遠国で日本人を奴隷として使役していましたが、おそらくその大多数は、人商人を介して購入したものであったと推測されます。

天正十五年（一五八七）六月、豊臣秀吉は、こうした事態を憂慮し、我が国における人の売買を禁止しました。

この禁令によって、人商人は生活の糧を完全に奪われてしまったのでしょうか。

それは、違います。

じつはその後、秀吉が断行した朝鮮出兵のさい、彼《か》の地において、

「人商いせる者来たり、奥陣より後につき歩き、男女老若を買い取って、縄にて頸をくくり集め、先へ追いたて」（『朝鮮日々記』）

とあるように、しぶとく朝鮮半島で暗躍しているのです。

いずれにせよ、戦国時代には人身売買はごく日常的におこなわれ、数えきれぬほどの庶民が人商人の生贄となりました。人商人はまさしく、戦国の世を跋扈《ばっこ》した吸血鬼だといえるでしょう。

しかしながら、それを現代人は非難できるでしょうか。近年問題になっている臓器売買、これなどはまさしく現代の人身売買だといえるのではないでしょうか。戦国時代の人商人を私たちは非難する資格などないのです。

二見文庫

世《せ》界《かい》一《いち》おもしろい戦《せん》国《ごく》の授業《じゅぎょう》

著者　河合《かわい》 敦《あつし》

発行所　株式会社 二見書房
東京都千代田区三崎町2-18-11
電話 03(3515)2311 [営業]
03(3515)2313 [編集]
振替 00170-4-2639

編集　オフィスTOMATO
印刷　株式会社 堀内印刷所
製本　村上製本

落丁・乱丁本はお取り替えいたします。
定価は、カバーに表示してあります。

ISBN978-4-576-08208-0
http://www.futami.co.jp/

世界一受けたい日本史の授業
河合　敦［著］

あの源頼朝や武田信玄、聖徳太子、足利尊氏の肖像画は別人だった⁉ 新説、新発見により塗り替えられる古い歴史に、あなたが習った教科書の常識が覆る

世界一おもしろい江戸の授業
河合　敦［著］

金さえ出せば誰でも武士になれた！／赤穂浪士の元禄時代には、まだ「そば」屋はなかった！…など教科書の常識を打ち破る意外な事実を紹介する第二弾！

帝都の地底に隠された驚愕の事実
大東京の地下99の謎
秋庭　俊［著］

六本木駅はなぜ日本一の深さにつくられた？／高輪の寺の地下36mに巨大な「変電所」／皇居の地下に、もうひとつの江戸城……など驚くべき東京の地下の謎の数々

各駅の地底に眠る戦前の国家機密！
大東京の地下鉄道99の謎
秋庭　俊［著］

丸ノ内線は地上、南北線は地下6階の「後楽園駅」の間に旧日本軍施設？　など東京メトロ8路線、都営地下鉄4路線の各駅と周辺のまだまだ深い東京地下の謎にせまる

いま明かされる地下の歴史
大東京の地下400年 99の謎
秋庭　俊［著］

江戸時代から始まった東京の地下建設は、時代の要請に応じて国民には知らされぬ〝国家機密〟の謎に包まれてきた。――今、それが白日のもとにさらされる！

ここまで明かしてしまっていいのか
警察の表と裏99の謎
北芝　健［著］

警察官に「ケンカ好き」が多いのは、なぜ？／現役のヤクザは「元刑事」だった！／警察内にはびこる「縄張り」争いの実態は？……など警察の裏事情を大暴露！

獄中生活15年の元受刑者が明かす
実録！刑務所のヒミツ
安土茂［著］

シャバの常識では考えられない知られざる留置所・拘置所・刑務所内での生活、規則、囚人たちの悲喜こもごも。死刑の裏側、塀のなかの紳士録までその実態を語る。

破獄11回「脱獄王」の全貌
続 実録！刑務所のヒミツ
安土茂［著］

重罪人ばかりの大阪拘置所五舎四階で、看守から「何をしでかすかわからん男」として恐れられた「脱獄王」の姿を受刑者仲間の著者が克明にドキュメント！

三代続いた元刑務官が明かす
完全図解 実録！刑務所の中
坂本敏夫［著］

刑務所は管理する人間の好みで規則も変わり、囚人の心の持ち方に合わせ、地獄にも天国にも形を変える。決して目にすることのない「塀の中」を詳細に紹介

世間をアッといわせる意外な実態
実録！少年院・少年刑務所
坂本敏夫［著］

少年犯罪は事件後はどのようなプロセスで、どこに送られ、どのような生活をしているのか。著者自身の手によるイラスト106点をもとに、「刑務所の中」を紹介する

正義の味方
「丸山法律相談所」
丸山和也［著］

人気ＴＶ番組「行列のできる法律相談所」で大人気の人情派・丸山弁護士が、身近なトラブルに、常識ではわからない意外な法律解釈を駆使しズバリ答える！

北村弁護士の
ズバッと解決！法律相談
北村晴男［著］

「行列のできる法律相談所」で大活躍の北村弁護士がお金と税金、知っておきたいこの法律、「恋愛」で泣き寝入りしないために必須の法律など、ズバッと解説